Triggers

Creating Behavior
That Lasts--
Becoming
the Person You
Want to Be

自律力

创建持久的行为习惯，成为你想成为的人

[美] 马歇尔·古德史密斯（Marshall Goldsmith）
马克·莱特尔（Mark Reiter） ◎著

张尧然 ◎译

SPM
南方出版传媒
广东人民出版社
·广州·

图书在版编目（CIP）数据

自律力：创建持久的行为习惯，成为你想成为的人 /（美）古德史密斯，（美）莱特尔著；张尧然译. — 广州：广东人民出版社，2016.3

ISBN 978-7-218-10620-5

Ⅰ.①自… Ⅱ.①古… ②莱… ③张… Ⅲ.①成功心理－通俗读物 Ⅳ.①B848.4-49

中国版本图书馆 CIP 数据核字（2015）第296226号

Triggers: Creating Behavior That Lasts--Becoming the Person You Want to Be by Marshall Goldsmith
Copyright © 2015 by Marshall Goldsmith, Inc.
This edition arranged with QUEEN LITERARY AGENCY through Big Apple Agency Inc. Labuan, Malaysia.
Simpli ied Chinese edition copyright © 2016 by GRAND CHINA PUBLISHING HOUSE
All rights reserved.

No part of this book may be used or reproduced in any manner whatever without written permission except in the case of brief quotations embodied in critical articles or reviews.

本书中文简体字版通过 Grand China Publishing House（中资出版社）授权广东人民出版社在中国大陆地区出版并独家发行。未经出版者书面许可，本书的任何部分不得以任何方式抄袭、节录或翻印。

ZiLvLi
自律力

[美] 马歇尔·古德史密斯　马克·莱特尔　著　　张尧然　译　　　版权所有　翻印必究

出版人：曾　莹

策　　划：中资海派
执行策划：黄　河　桂　林
责任编辑：肖风华　古海阳　张　静
特约编辑：宋金龙
版式设计：王　雪
封面设计：张　英

出版发行：广东人民出版社
地　　址：广州市大沙头四马路10号（邮政编码：510102）
电　　话：(020) 83798714（总编室）
传　　真：(020) 83780199
网　　址：http://www.gdpph.com
印　　刷：深圳市雅佳图印刷有限公司
开　　本：787mm×1092mm　1/16
印　　张：16　字　　数：180千
版　　次：2016年3月第1版　2019年4月第12次印刷
定　　价：39.80元

如发现印装质量问题，影响阅读，请与出版社 (020-83795749) 联系调换。
售书热线：(020) 83795240

致中国读者信

To all of my wonderful friends in China —

Best wishes for becoming the person that you want to be!

Marshall Goldsmith

致我最出色的中国朋友：

衷心希望你们能够成为理想中的自己。

马歇尔·古德史密斯

这是一本
关于成年人如何
改变行为习惯的书。

作者简介

马歇尔·古德史密斯博士

全球最具影响力的商界思想家

马歇尔·古德史密斯博士获得的荣誉——

Thinkers50 管理思想家排行榜：世界最具影响力的领导力思想家、世界十大商业思想家之一

《福布斯》：全球最受尊敬的 5 位高管教练之一

《华尔街日报》：全球十大高管教练

《哈佛商业评论》：2011 年全球最具影响力的领导思想家第 1 名

美国管理研究院：终身成就奖（过去 25 年内仅有的两名获奖者）

美国国际人力资源学院：院士奖（美国最高人力资源奖项）

美国管理协会：过去 80 年来在管理领域最有影响力的 50 位顶尖思想家之一

《商业周刊》：领导力研究发展史上最具影响力的研究者之一

《华尔街日报》：顶级高管教练

《泰晤士报》：全球最具影响力的15位商界思想家之一
《经济学人》：商业新时代最值得信赖的思想领袖
《卓越领导力》：管理和领导力领域5位顶级思想领导者之一
印度《经济时报》：美国5位精神导师之一
《快公司》：美国杰出高管教练

马歇尔·古德史密斯博士在加州大学洛杉矶分校（UCLA）获得了博士学位，任达特茅斯大学全球领导力研究中心主任，并经常在知名的商学院讲授高管教育课程和发表演讲。他的工作受到了该领域几乎所有专业团体的认可。2006年，阿兰特国际大学将其商业与组织研究学院命名为"马歇尔·古德史密斯管理学院"，以表达对他的崇敬之情。

马歇尔·古德史密斯博士还是为数不多的曾受邀对超过150名CEO及其管理团队进行辅导的咨询师之一，他在"彼得·德鲁克基金会"的理事会任职长达10年。他曾以志愿教师的身份为美国陆军的将官、海军将官、女童军领导、国际红十字会的领导者们授课，更被后者授予"年度志愿者"的称号。马歇尔·古德史密斯博士目前创作了35部著作，总计销量超过200万册，其主要作品包括：

《管理中的魔鬼细节》：长踞亚马逊商业类图书榜首、最具影响力的管理类经典著作
《魔劲》：《纽约时报》《华尔街日报》最佳畅销书，《上海日报》商业类图书第1名，被翻译成14种语言
《功成身退》：《华尔街日报》畅销书

《未来的领袖》:《商业周刊》畅销书

《未来的组织Ⅱ》:年度选择奖,最佳商业类书籍

《高效经理人教练方法和培养细节》:高管培训领域经典畅销书

登录 www.MarshallGoldsmithLibrary.com,分享马歇尔·古德史密斯博士的 300 多篇文章、访谈、专栏文章和视频资料,来自全球 195 个国家的读者点击该网站超过 2 000 万次。

古德史密斯博士在 www.HBR.org 、www.BusinessWeek.com 和 www.HuffingtonPost.com 等网站开设博客,并定期更新。

推荐序

杨思卓
中商国际管理研究院院长

自律：从平凡到非凡的能力

领导者需要多种外指向的能力，比如决断力、感召力、组织力，但是这些能力能否形成影响力，还要取决于一种内指向的能力——自律。在多年的领导力培育中我发现，领导人魅力指数最高的，不是身高、不是财富、不是样貌，而是自律。作为一个领导人，第一个需要管理的就是他自己，即自律。如果做得不够，他的魅力和威望则会大打折扣。《黄帝内经》有言，"视其外应，以知其内者，当以观外乎诊于外者，斯以知其内，盖有诸内者，必形诸外"。隔行不隔理，很多时候，我们从外部审视自己、回望自己的时候，就比较容易发现问题。

内在的东西往往在外在行为上表现出来，要改变行为习惯，往往要纠正影响行为的认识。《自律力》一书的作者马歇尔·古德史密斯，是个相当有名的领导力行为教练，帮助企业领导人积极转变领导行为，60位世界顶尖企业的CEO从中受益。这本书的落脚点就在于：找出你行为中的思维误区，改变并创建持久的行为习惯，成为你想成为的人。那么，影响我们行为的思维误区，常见却又常被忽略的有哪些？古德史密斯在书中列出了15个，相当具有借鉴意义。

知道就一定能做到吗？ 在生活中，我们可能有过很多这样的经历，你清楚怎么去做，你也告诉自己努力去做，甚至还给自己设定了蜕变的期限，可结果一如当初。比方说减肥，你知道运动能够帮助减掉身上的脂肪，但你就一定能减下来吗？不一定吧。知道和做到是两码事。正如作者所说的："'认为知道就能做到'的思维误区诱发了概念的混淆。"美国知名男演员、健美运动员，曾任美国加州州长的型男施瓦辛格说过这样一句话"看着我举哑铃不会让你长肌肉"，所以，你必须自己去举哑铃。

你真的不需要规划和帮助吗？ 在书中，作者一针见血地指出，你不需要规划和帮助，是因为缺少进行改变最关键的因素：谦逊。人不谦逊起来，真的很可怕，往往什么事都自以为是。其实，有想法没规划，光靠自己的聪明不行；有行动没帮忙，光靠自身的力量也不行。在我的统驭课堂中，我对企业家们说的最多的是，成功的速度＝努力奋斗＋贵人相助，自己走百步不如贵人帮一步，有人帮助可以让你少走弯路。

努力就一定得到回报？ 我们总说，一分耕耘一分收获，付出努力必将得到回报。事实上，耕耘不一定都有收获，付出不一定会有回报。很多时候，可能十分耕耘没有一分收获。不过，作者重点强调的是对回报的理解。作者坚定自己的原则，他说，如果一个人追求改变只是为了得到外界的回报，那么，他不会与他人合作。原因很简单，你想改变自己，你想变成更好的人，你为此付出努力，最后你成功成为理想的自己，那么，这本身就是一种最丰厚的回报。

此外，作者还列举了其他隐藏在脑海里的错误认识，比如说，一次顿悟会瞬间改变生活，比如说，问题解决了就等于画上句号等。套用作者的另一本著作《管理中的魔鬼细节》，这15个行为的思维误区也是你自律路上的魔鬼。

长时间形成的行为，习惯成了自然，就好比身体的一部分，要改变确实不容易。在管理咨询中，我也发现有相当一部分领导者不愿意改变自己。如果你把过去和现在拥抱得太紧，就很难腾出手来拥抱未来。因此，我建议，从心改变，学会自律，让你从平凡的自己走向非凡的自己。

权威推荐

肯·布兰佳
享誉全球的管理大师
畅销书《一分钟经理人》作者

  我是马歇尔·古德史密斯的忠实拥趸！等你读完这本书，也会和我一样。马歇尔承诺，他认真地写一本书，然后你认真读，认真学，就会离理想的自己更近一步，度过没有遗憾的一生。

菲利普·科特勒
现代营销学之父

  一本关于如何自我实现的智慧之作，里面充满了有趣的故事。

戴维·艾伦
百万级畅销书《搞定》作者

  我和马歇尔一起工作了30年。《自律力》不仅揭示了自我修养的令人惊叹的真理，而且是马歇尔光辉职业生涯的又一座里程碑。

戴维·乌尔里克
人力资源领域世界第一思想家

  马歇尔又成功了！他出色地提出了一系列见解深刻而实用的建议，促进可持续的行为习惯改变。读这本书时，我感觉就像马歇尔在和我促膝长谈，对我亲自指导。从他的思想中学习，从他的故事里汲取养分，并进行积极的行为改变，我感到十分荣幸。对于所有追求进步的人而言，马歇尔真是上天的恩赐。

基思·法拉齐
《纽约时报》畅销书《别独自用餐》作者

  我亲眼见识过马歇尔的魔法，他帮助一名高管突破自我，认识到自身的潜力。在《自律力》中，马歇尔慷慨地分享了自己的秘密。不容错过的必读书。

詹姆斯·库泽斯
畅销书《领导力》作者

  如果你想要改变自己的行为，成为理想的自己，克服自己身上的坏毛病，度过一段没有悔恨的人生，那就打开这本书，听从里面的建议吧。马歇尔把自己近40年的教练经验毫无保留地倾注于本书之中，分享其深刻的观点、有趣的故事和强大的技巧，帮助你在职业生涯、人际关系方面更上一层楼，并帮助你获得心灵上的平静。仅是他在书中列出的问题，就已经值回了这本书的价格。《自律力》是马歇尔迄今为止最优秀的作品，我强烈推荐这本书。

苏比尔·乔杜里
美国质量学会克劳士比奖章第一位获得者
《六西格玛的力量》作者

　　把质量和持续改进的法则用于人类交互方面，没人比马歇尔做得更好。在本书中，马歇尔的思想又达到了一个新的高度！

杰夫·斯玛特
《纽约时报》畅销书《聘谁》作者、斯玛特公司主席

　　马歇尔·古德史密斯是我认识的最训练有素的思想家。他是自己传道内容的亲身实践者，而且取得了伟大的成就。《自律力》是他最新的礼物，献给所有希望进行积极行为改变的领导者。

艾伦·穆拉利
福特公司总裁、美国年度最佳CEO
《财富》2014年世界50大最杰出领导者第3名

　　通过阅读《自律力》，你能获得一种自我意识，从而创造一个自己的世界，而不是让自己任由外界摆布。

弗朗西斯·赫塞尔本
德鲁克基金会创始人
美国总统自由勋章获得者

　　《自律力》激励我们成为更好的人，更好的领导者，更好的同伴。"行为习惯改变"是我们为光明的未来而战的新口号。

伊恩·里德
辉瑞公司（全球最大的以研发为基础的生物制药公司）CEO

阅读《自律力》就像在跟马歇尔聊天，你会得到清楚、实用、可操作的建议。

布赖恩·C.康奈尔
塔吉特百货公司主席兼 CEO

马歇尔是一位可贵的教练与伙伴，他能帮助你推动组织转型和绩效改进。《自律力》将带领读者挖掘自己工作和生活的全部潜能。

胡伯特·乔利
百思买（全球最大家用电器和电子产品零售集团）CEO

在帮助他人提升方面，马歇尔·古德史密斯是世界上首屈一指的大师。在这本新书中，他提供了一系列新的、实用的、久经考验的观点、概念和框架，帮助我们这些想要改变的人成为最好的自己，成为理想中的自己。

金　勇
世界银行第 12 任行长

我非常幸运地和马歇尔共事了几年，他对我的帮助非常大。本书很好地展示了马歇尔平日的工作，其中很多观点，让我和马歇尔的其他客户受益良多。马歇尔提出的重要、实用且深刻的方法，将帮助你成为一名更好的领导者，创造更美好的人生！

约翰·哈姆格伦
麦克森公司（北美第一大的医药批发商）CEO
《哈佛商业评论》全球百大"杰出 CEO"之一

我们在麦克森公司一直致力于培养强大的领导者，这么多年来，我们很大程度上依赖于马歇尔对领导力的洞察，在麦克森公司进行领导才能的培养。无论一个人在组织中扮演怎样的角色，《自律力》都能提供一个实用的框架，帮助人们实现自己的远大梦想。

艾沙·埃文斯
英特尔公司副总裁兼总经理
《财富》十大"下一代女性领导者"之一

马歇尔的培训要求领导者持续关注自己的行为。领导者的行为，以及团队的行为，是伟大成就和持续进步的基石。这将成为未来关联型、全球型、知识驱动型企业的成功金钥匙。《自律力》强化了我们为成功创造必需机会的关注。

G.M. 拉奥
印度年度企业家、GRM 集团（印度）CEO

马歇尔·古德史密斯是一名伟大的作家和世界闻名的高管教练。他对我们集团的贡献是巨大的，我们从他举世无双的经验和学识中受益良多。在《自律力》中，他分享了自己和全球顶级领导者们的启发性故事。他帮助我们改造自己的生活，成为理想的自己。这本书值得每一位现任领导者和有志成为领导者的人阅读。

狄安娜·穆里根
卫士人寿保险公司（世界500强企业）CEO
《财富》全球最具影响力的50位商界女性

你没法教上了年纪的老家伙学会新把戏，除非你有马歇尔·古德史密斯的帮助。在他的指导下，你能轻易改掉消极的习惯。

大卫·科恩伯格
美国运通公司 CEO

马歇尔让我明白了在生活中每个方面都做出一点积极改变的重要性。他的教练技巧和宝贵课程让你能够从人际关系中找到更重要的意义，并对积极领导力有更深入的理解，从而带来更好的结果。

弗雷德·哈桑
华平投资集团（国际领先的私募股权投资公司）总经理
博士伦隐形眼镜公司主席

在帮助他人成就自我方面，世界上没人比得上马歇尔。他是高管教练领域的顶级思想家，推动了人们对自我激励的重新思考。《自律力》阐述了自我意识、自我承诺和积极行为改变的重要性。这本书会照亮许多人的人生！

张大卫 詹姆斯比尔德基金优秀厨师奖得主
百福（Momofuku）餐饮管理集团创始人和 CEO

《自律力》是一本不可思议的书！它总结了过去这些年马歇尔

教我的所有东西……只有我们远离了利己主义，才能真正实现目标。为了成为理想的自己，我们需要培养自己的自我意识，而这需要注意力、行动力和纪律性。

利兹·史密斯
Bloomin' Brands（全美最大的休闲餐饮连锁企业）CEO

我认识马歇尔·古德史密斯很多年了，我很喜欢和他一起工作。阅读《自律力》，让我想起了马歇尔对我的培训。这本书让我笑、让我沉思，最重要的是，让我去做积极的事情。

托尼·马克斯
纽约公共图书馆 CEO

我们如何为组织和自己创造机会？马歇尔·古德史密斯是一位为我们指明道路的大师，他帮我们避开消极诱因，打造能激发我们最大潜能的积极诱因。在本书中，马歇尔再次用他独特的洞察力、热情和正能量来教导我们。我们要做的就是遵循这本书的指导进行学习，并做得更好，为所有人带来更好的结果。

里吉斯·舒尔茨
法国达尔蒂集团（欧洲顶级电器零售商）CEO

我非常荣幸得到过马歇尔·古德史密斯的指导。他能够触发我人生中的改变，帮助我成为更好的领导者。马歇尔改变了我的人生和我的职业生涯，《自律力》也同样可以改变你的人生和职业生涯！

乔·阿尔梅达
柯惠医疗（世界上最早的医疗解决方案提供者之一）**CEO**

　　马歇尔孜孜不倦地创造培养高效领导者的工具。在本书中，他提出了简单、高效的方法，帮助我们改造自己。一旦你开始理解哪些行为可以提升自我，马歇尔就会告诉你如何持续成功。《自律力》是领导者的必读书目，尤其是那些极度渴望成功的领导者。

马克·特瑟克
大自然保护协会董事长兼 CEO、高盛集团前任事股东

　　这是一本了不起的书。无论作为一名作者，还是一名帮助 CEO 成为成功领导者的高管教练，马歇尔·古德史密斯的职业生涯可谓光辉灿烂，《自律力》就是其职业生涯宝贵的结晶。在本书中，马歇尔提出了一个更重要、更基本的问题：我们如何才能成为自己想要成为的人？打开这本书，寻找答案吧。

简·卡尔森
瑞典奥托立夫公司（汽车安全领域的世界级领先企业）**CEO**

　　马歇尔又写出了一本现象级著作，本书中充满了实用性建议，改变你的行为，帮你变得更好。这是一本非常有趣，让人大受启发的书。

乔纳森·克莱因
Getty Images（全球最大的商业图片素材网站）**创始人兼董事长**

　　书如其人，本书和马歇尔一样，是伟大教练和幽默人格的结合。

泽伦·施罗德
荷兰邦吉集团（世界领先的农业和食品公司）**CEO**

在《自律力》中，马歇尔帮助我们理解常见的行为陷阱，并告诉我们如何避免它们，以及如何把它们转化为积极的经验。和以前一样，他在书中展现了自己的逻辑与直觉。虽然理论阐述透彻，但并不代表改变是很容易的事情。我很享受这本书。就和之前马歇尔对我的培训一样，书中的宝贵洞见帮助我更进一步，成为理想的自己。

弗雷德·林奇
美森耐国际集团（全球最大的商业和住宅用门制造商之一）**CEO**

马歇尔·古德史密斯再一次证明，为什么他不仅是全球前十的商业思想家，更是全球前十的综合思想家。我最喜欢这本书的一点是，它不仅适合商业领导者阅读，更为所有希望对自己的生活做出积极改变的人提供了一条清晰的路径。再次感谢马歇尔，帮助我在人生中做出积极、持续的改进。我的家人也对你致以同样的感谢！

桑迪·奥格
黑石集团（全世界最大的独立另类资产管理机构之一）**运营合资伙伴**

对于那些希望自己和组织都能创造持续、深远改变的领导者，本书是今年的必读书籍。马歇尔似乎毫不费力地就能把人引向真正重要的事情和真正重要的人身上。他教我，也教很多其他人，如何成为一个严格然而富有怜悯之心的领导者。对我而言，我的人生因马歇尔变得更加美好。

罗伯特·帕森
Radio Flyer（美国知名经典儿童品牌）CEO

  马歇尔是一位神奇的教练，帮助我成为了一个更好的领导者和一个更好的人。他把智慧、洞察力和实用步骤汇集到一起，帮助所有人进步。如他在著作《自律力》中所言，理解和行动有着很大的不同。我们都懂很多道理，但马歇尔给了我们用来创造真正改变的工具。

尼尔斯·洛梅林
德尔蒙食品公司（全球著名食品制造及经销）董事长兼 CEO

  马歇尔·古德史密斯的《自律力》是一本非常棒的作品。他通过运用现实案例来阐述领导力要点，极大地保证了书中具体方法实施的可靠性。

斯图尔特·克雷纳和德斯·迪尔洛夫
Thinkers50（全球首个管理思想家排行榜）联合创始人

  我们一直都很钦佩马歇尔·古德史密斯的实用建议和对人类永恒的洞察力。《自律力》是他迄今为止的最佳著作。

丽塔·麦克格兰斯
全球最具影响力的 50 大策略思想家、《引爆市场力》作者

  在《自律力》中，马歇尔·古德史密斯凝聚了自己数十年的经验智慧，帮助他人真正改变自己的行为。尽管这本书写得通俗易懂，但它的价值是深远的。马歇尔不仅是一名教练,更是一名"破坏分子"、幽默大师和挑战者。如果你想触发自己生活和工作中的改变,我强烈推荐马歇尔·古德史密斯的《自律力》。

马克·汤普森
《纽约时报》畅销书《七项法则:从创业到卓越》作者

想要成为理想中的自己,《自律力》是必备的路线图!就好像世界顶级高管教练成为了你的私人导师,他用大量的故事和突破性研究,为你提供一套实用工具,帮助你的职业生涯登上下一个台阶。

维杰伊·戈文达拉扬
塔克商学院考克斯杰出教授、哈佛商学院 Marvin Bower 研究员
《纽约时报》畅销书《逆向创新》作者

我的职业生涯致力于帮助企业组织创造策略、执行策略,实现突破性创新。《自律力》能够帮助你创造一套人生策略,教你如何执行这套策略,并实现人生的突破性创新。

克里斯·库莫
艾美奖、皮博迪奖和爱德华·R. 莫罗奖得主
CNN 电视台 New Day 主持人

我身上有一些自己想要改变或提升的方面,但我总是超不过 3 分钟热情,并把这一切归咎于自己的工作和家庭责任。好吧,现在我没有借口了!在《自律力》中,马歇尔不仅总结了阻止我们做出改变的

障碍，还提供了一个简单（但未必容易）的方法，让我们克服积极改变过程中的主要困难：一致性和环境。读完这本书，我已经迫不及待想要一试了！

布拉德·苏格思
赢商教练公司董事长、主席兼创始人

马歇尔能成为世界第一高管教练是有原因的，他对人类有着深刻的了解，懂得如何激发出人的最高效能。这本突破性的著作能够帮助你和你的下属达到效能巅峰，并保持在那个水准。仅运用了其中一条策略，我的管理团队的效能就大幅提升。作为世界最大商业教练公司的主席，我读过很多关于商业和个人成功的书籍，少有人出马歇尔之右。

埃里克·舍恩伯格
《企业》杂志董事长兼总编

马歇尔·古德史密斯是世界闻名的顶级领导力思想家。一旦你读了《自律力》，你将意识到他同时也是世界一流的观察家，对那些积极性最强的聪明人及他们的特殊行为模式有着深入的了解。我向你保证，你会在马歇尔讲述的故事中找到自己的影子，因为我就从中看到了很多自己的影子。如果你仔细阅读马歇尔的文章，你将学会如何把自己的行为向更好的方向改造。

目 录

前　言　发现改变的诱因，完成从自控到自律的飞跃　1

第1章 | 我们是高级策划人，却是低级执行者　9

你曾想过在生活中做出哪些改变？减肥？跳槽？换个发型？给卧室的墙壁换换颜色？你有这种想法多久了？是不是你每天早上起床都对自己说"今天我要做出改变"？然而，改变为什么没有发生？

为什么我们难以成为理想的自己？　10
自律的15个魔鬼误区　17
你不改变环境，环境就会改变你　30
自律利器：反馈环与诱因矩阵　43
如何为自己创造自律的环境？　56
高级策划人vs.低级执行者　64
三步预测改造习惯的微环境　75
设计你的改变之轮：创造、保留、消除、接受　84

第2章　6个问题，让你的投入度轻松翻倍　99

我们为什么不能像七个小矮人一样吹着口哨快乐地工作？为什么公司安排的员工投入度培训总是适得其反？"你有明确的目标吗？"和"你尽最大努力为自己设定明确目标了吗？"虽然只是几字之差，却可以让你的投入度提升一倍。

员工培训为何总是收效甚微？　100
6个逆向投入度问题　109
每日问答：最便捷的自律工具　121
教练：自律计划中至关重要的跟进人　136
自律第一原则——三思而后行　148

第3章　规划：把你的自控力升级为自律力　163

艾伦用一个简单的规划，把亏损127亿美元、摇摇欲坠的福特公司重新推上第一汽车制造商的宝座；执掌市值200亿美元部门的纳迪姆，用一个规划性问题就走出了人际关系的困局，打通了自己的高管之路。他们实现职场成就的规划究竟是什么？

没有规划，我们难以变得更好　164
找到属于你的规划脚本　169
"自我损耗"时，如何自律？　174
最不想要帮助时，恰恰最需要帮助　181
每日问答强化版：每小时问答　185
避免掉入"差不多"陷阱　193
成为自己和他人的自律"诱因"　206

第 4 章 | **假如生活一成不变，你会遭遇哪些危机？ 209**

成年后，令你印象最深刻的行为习惯改变是什么？大多数人都会嘲笑一家从不修订菜谱的餐厅，但我们不会这样责备或嘲笑自己。假如你一成不变，不断变化的环境一样会给你迎头一击。

思考一次自律式的改变　210
不知道要改变什么，就永远不可能改变　214
开启一个牢不可破的投入度循环　215

结　语　自控是不变，自律则是改变　221

译后记　你理想中完美的自己　225

前　言

发现改变的诱因，完成从自控到自律的飞跃

　　一个星期六的清晨，我的同事菲尔进地下室时被绊了一跤，头重重地撞到了地上。倒在地上时，菲尔感受到来自胳膊和肩膀的阵阵刺痛，他担心自己可能会因此骨折或瘫痪。他试图起身，但身体仍然摇摇晃晃地不受控制，于是只好靠着墙坐下，检查一下自己的伤情。四肢传来的痛感意味着他还有知觉（这是件好事），他的头和脖子上的肌肉都在抽动，鲜血从撕裂的头皮中汩汩流出，一直淌到背上。菲尔知道，他必须去急诊室清理伤口，检查有没有骨折和内出血，但他同时也意识到，受伤的自己没办法独自驾车去诊所。

　　那天，菲尔的妻子和成年的儿子们都不在家。在僻静的郊区住宅里，只有他一个人，于是他拿出手机来打电话求救。手指滑过屏幕上的一个个联系人，菲尔突然意识到自己在附近竟然找不到一位能打电话求助的朋友，他也从来没有花太多精力去结识邻居，而且因为没有大量出血或者心脏病发作，他也不好意思拨打911。

思来想去，菲尔最后拨通了住在附近的一对中年夫妇的电话。接电话的是一位名叫凯特的女士，菲尔与凯特在街上相识，但自那以后很少交谈。他向凯特说明了自己的情况，对方马上赶了过来，从一个没上锁的后门进入菲尔家，在地下室找到了菲尔。凯特把菲尔扶上车，载着他去了当地医院。在医生对菲尔进行检查的5个小时里，凯特一直陪着他。菲尔摔出了脑震荡，医生说，头痛会持续几个星期，但好在没有严重损伤，过一段时间就能恢复健康。然后，凯特又开车把他送回了家。

那天晚上，菲尔独自在黑漆漆的家里休息，感慨自己这一天经历了怎样的危险。他回忆起头撞到地上的那一瞬间，那清脆尖利的声音似乎仍在耳边回荡，就像一只铁锤挥向大理石板，想要把它砸得粉碎；他想起四肢电击般的刺痛感，当时他仿佛看到自己以后永远不能再走路的可怕情景。现在他只是患上轻微脑震荡，自己真是太幸运了。

经过这次意外，诱发菲尔思考的，并不只是感激自己没有成为瘸子。他还想到了慷慨善良的邻居，凯特放弃了自己一天的时间，向他提供了无私的帮助。这么多年来，菲尔第一次开始思考自己的生活方式。

他告诉自己："我需要结交更多的朋友。"不是因为他将来或许还会需要另一个凯特来救自己，而是因为他也想成为像凯特一样的人。当然，并不是所有人都要在承受危及生命的当头一棒后，才会去改变自身的行为习惯，以维持更长久的生命，活出更有意义的人生。只是这件事恰好如此而已。

诱因无处不在

这是一本关于成年人如何改变行为习惯的书。

- ◆ 为什么我们拙于此事？应该如何做好它？
- ◆ 应该选择哪些行为进行改变？
- ◆ 怎样让他人看到我们的改变？
- ◆ 所有人都必须直面哪些无休无止、无处不在的挑战？
- ◆ 怎样强化解决这些问题的能力，成为理想的自己？

为了回答这些问题。我首先要重点阐释生活环境中的诱因对我们产生了怎样的影响，事实上这远比你我原本知道的要多得多。

诱因就是所有重塑我们思维和行动的刺激因素。在我们清醒的每一个小时里，都在持续接受人物、事件和境遇的刺激，它们在不知不觉中改变了我们。这些诱因看起来突如其来，让我们毫无防备。

- ◆ 它们可能是像菲尔遭遇脑震荡那样的大事，也可能是类似一幅剪纸这样的小东西；
- ◆ 它们可能是令人愉悦的因素，比如老师的一次表扬，会改善学生的纪律，激励他们的志向；
- ◆ 可能会产生相反的效果，比如一支美味的蛋卷冰激凌会让我们放弃减肥计划，来自同侪的压力会让我们犯浑，做一些明知是错误的事情；

◆ 它们可能会激发我们竞争的本能，去争取一个薪水更高的职位，或是避免竞争对手把我们甩在身后；

◆ 它们可能是爱人病重或是公司面临破产的消息，让我们筋疲力尽。

所有诱因就像雨滴声唤醒甜蜜的回忆一样自然而然。

诱因的数量几乎是无限的。它们会从哪里来？为什么它们使我们的行为与兴趣背道而驰？为什么我们没有留意到它们？我们怎样才能精准地发现那些激怒我们、让我们偏离正轨，或是让我们感觉世界无比美好的瞬间？怎样才能让诱因为我们服务呢？

环境是生活中最强大的诱发机制，而且并不总是有利于我们。我们制订计划、设定目标，为了实现这些目标还押上了我们的幸福。但是种种环境因素总是横插一脚：

◆ 厨房里飘来培根的香味，让我们胃口大开，却忘记了医生嘱咐我们控制胆固醇的建议；

◆ 同事每天晚上都加班到深夜，令我们感觉自己有责任配合他们的付出，却错过了自己孩子们的一场棒球赛，然后又错过了下一场、再下一场；

◆ 手机铃声响起，我们的眼神不由自主转向亮起的屏幕，不再和我们深爱的人深情对视。

就这样，环境诱发了不合时宜的行为。

前　言｜发现改变的诱因，完成从自控到自律的飞跃

因为环境因素往往不在我们的控制范围之内，我们或许会认为自己对此无能为力。我们感慨自己像是人生境遇的牺牲品，甚至成了命运的傀儡，但我个人并不接受这种说法。命运只是我们手里的一副牌，怎样打好这副牌取决于我们的选择。

尽管菲尔头部受到了一记重击，但他并没有向环境低头。他的命运曾经让他跌倒，使他的头部受伤，然后又恢复健康，而他选择更好地与邻居相处。

找到促使你改变的最强大诱因

不要急着走马观花地读下去，反复品味这几页文字，你将体会到几分熟悉的感觉。它并不明显，但这并不意味着它不真实。这种感觉就是悔恨。每一次我们问自己为什么没有成为理想的样子，都隐含了这种感受。

我为写作此书做准备和研究时，其中一项重要内容就是询问人们一个简单的问题："在行为习惯方面，你曾做出的最大幅度的改变是什么？"人们的回答可谓五花八门、包罗万象，但是最深刻的答案（活跃一下气氛，权且这么说），是有些人想起了一些应该改变却没有改变的行为习惯。当他们反思自己为什么没有成为理想的样子时，常会被心中的悔恨所吞噬。

我们不像简·奥斯汀笔下傲慢的凯瑟琳·德布夫人[①]，她吹嘘

[①] Lady Catherine de Bourgh，《傲慢与偏见》中的人物。——译者注

自己天生的音乐品味，大言不惭地说："我要是学了音乐，一定会成为一位名家。"与德布夫人不同，当我们回忆起生活中被浪费的机会、优柔寡断的抉择、没有付诸行动的努力、从未得到培养的天赋时，总是会被悔恨刺痛。然而当我们悔恨的时候，往往为时已晚。

在我采访蒂姆的时候，空气中显然也弥漫着一股悔恨的气息。蒂姆曾是一家网络电视台运动频道的出品人。因为和上司关系不融洽，蒂姆在网络电视台的职业生涯在40多岁就提前结束了。在他50多岁的时候，蒂姆靠顾问工作谋生。他依然拥有同类公司所需的丰富专业知识，但他再也找不到之前那种稳定的行政职位了。因为他落下了一个坏名声：不会与他人相处。

对于这种名声的成因，蒂姆已经琢磨了好几年时间，但直到女儿开始她的第一份电视台工作，请他提建议的时候，蒂姆才终于找到了问题的症结所在。

蒂姆说："我告诉她，耐心是最大的美德。在你上班的地方，每个人都在盯着时间。一档节目必须在指定时间开始，在规定时间结束。摄像机前的所有事物都会在0.01秒里显示在控制台的屏幕上。而且节目一档接着一档，永远不会结束。时钟嘀嗒作响，给所有人造成了一种不可思议的紧迫感。作为负责人，你的耐心也将经受巨大的考验。你想把所有事情都按时办妥，最好还要超前完成。你会变得非常苛刻，当你得不到自己想要的结果时，你会感到沮丧、愤怒，开始像对待敌人一样对待他人，因为他们不但令你失望，还会令你难堪。你的愤怒便由此而来。"

对于蒂姆来说，这就是一个诱发时刻（Triggering Moment）。直到说这些话的时候，他才突然明白网络电视台的残酷环境对自己产生了怎样的影响，这份工作让他在工作中失去了耐心，然后又渗透到了生活的各个方面。

他解释说："我认识到，我这种人给朋友发电子邮件，如果一小时之内收不到回信就会大发脾气，还会困惑为什么这位朋友要忽视我。从根本上来说，我是在用对待制作助理的方式对待朋友。我以这种方式对待世界，根本无法生活。"

蒂姆经过了一场亲密的父女交流，继而被触动，受到启发，产生强烈的悔恨感。他总结说："如果我之前在生活中做出了一些改变，就会更有耐心。"

当我们评估当前境遇，反思我们何以至此的时候，就会产生悔恨的情绪。我们会回顾、对比当时的实际做法和正确做法，并从中发现我们在某些方面的不足。

悔恨可能会造成伤害。然而作为一种尖锐而伤人的情感，悔恨并没有得到多少重视。我们将其看成一种良性因素，要么拒绝提起，要么把它合理化。我们对自己说："我曾经做出愚蠢的选择，但正是它们造就了今天的我。惋惜过去只不过是浪费时间，我已经吸取了教训，让我们继续前进吧。"

这是一种看待悔恨的方式，也是一种自我保护的方式，不让自己知道错过了什么，也就不用因此而痛苦。所有人都有过悔恨（我们并不是特例），而且时间会愈合一切伤口（比痛苦更糟糕的唯一事情是不知道痛苦是否会结束，以及何时结束），这让我们感到心安。

我想建议一种不同的处事态度，叫做拥抱悔恨，但不必抱太紧，也不用抱太久。伴随悔恨而来的痛苦是必然的，它不像恼人的宠物可以随手赶走。当我们做出糟糕的选择，让自己遭遇失败，或者伤害了心爱的人时，我们必然会感到痛苦。这种痛苦是一种刺激，从最好的意义来说，也是一种诱因，它提醒我们，我们可能会陷入困境，但也可以做得更好。它是引导我们做出改变的最强大感觉。

如果我写得在理，你也在认真阅读，那我预计接下来将会发生两件事：第一，你将会更加接近理想的自己；第二，你的悔恨感将越来越少。

我们可以开始了吗？

Triggers

Creating Behavior
That Lasts--
Becoming
the Person
You Want
to Be

第 1 章

我们是高级策划人，却是低级执行者

你曾想过在生活中做出哪些改变？减肥？跳槽？换个发型？给卧室的墙壁换换颜色？你有这种想法多久了？是不是你每天早上起床都对自己说"今天我要做出改变"？然而，改变为什么没有发生？

为什么我们难以成为理想的自己?

作为一名高管教练,在过去三十五年间,我始终致力于帮助成功领导者推进积极而持久的"行为习惯改变计划"。我的大部分客户都很珍惜提升的机会,他们意识到,行为习惯的改变将会帮助自己成为更加高效的领导者、合伙人,或是家庭成员,但也有些人对此不以为然,在计划推进之初表现出了些许抵触情绪。

我帮助客户的过程直截了当且始终如一。首先,我会采访客户的核心利益相关者,聆听他们的意见。这些利益相关者可能是客户公司的董事会成员,可能与客户同级,也可能是客户的直接下属。在积累了大量可信的反馈后,我会和客户一起查看这些反馈总结。最终要改变哪些行为习惯,由客户自己选择。

客户做出选择后,接下来我的工作就简单了:客户亲自选择的核心利益相关者提出了建议,他又亲自选定了想要改变的行为习惯,我要做的只是帮助他实现积极、持久的改变。换言之，我帮客户成为理想的自己。如果我的客户成功实现了这些积极改变，并得到了核心利益相关者的认可，我就可以获得报酬。如果客户的积极改变没有得到核心利益相关者的认可，我保证分文不收。

我们的成功率不断提高，因为在客户不断自我改变的路上，我始终伴随在他们左右，引导他们走好每一步，告诉他们怎样坚持好习惯，不要倒退回去，又成了原来的自己。这里有两条永恒不变的真理，它们的重要性历久弥新。

真理 1：有意义的行为习惯改变是很难做到的

开始改变行为习惯很难，坚持改变更难，最难的是把积极的改变巩固为习惯。我唠叨这么多，就是要说人有七情六欲，行为习惯一旦形成，想要改变简直难如登天。

别急着说我在危言耸听，先回答以下几个问题：

◆ 你想在生活中做出哪些改变？它可以是一些大事，比如减肥（这是大事）、跳槽（也是大事），或者转行（更大的事），也可以是一些小事，比如换个新发型、多去探望你的母亲，或者给卧室的墙壁换换颜色。

◆ 你有这种想法多久了？是不是到现在已经有几个月或者几年时间了？是不是你每天早上起床都对自己说"今天我要做出改变"？

◆ 结果怎么样？说白了，你能否指出在某个特定时刻，你决定改变生活中的某件事，并在冲动之下采取行动，最终取得了满意的成果？

以上三个问题对应着我们向生活中引入改变时面临的三个难点：

我们不肯承认自己需要改变。这不仅是因为我们没有意识到有必要做出改变，更可能是我们意识到了，却还为自己找各种借口，否认自己需要改变。在后文中，我们将会检查并消除那些致使我们抵触改变的错误认识。

我们不重视自身惯性的力量。即使有机会，我们也更倾向于什么都不做，所以我才会怀疑，对于"你有这种想法多久了"这个问题，很多人的答案应该是几年，而不是几天。惯性就是我们不能开启改变的原因。它极力阻挠我们在舒适区（因为我们在那感受不到痛苦，反而会感到很熟悉，或者非常快乐）内采取行动，去做某些从长远看来非常有益，却不容易做到的事。

这本书无法为你提供持续的动力，要改变你还得靠自己。但通过一个强调规划和自我监督的简单过程，我能为你提供启动力，诱发并敦促你做出积极改变。

我们不知道怎样去改变。动机、认识和能力之间是有区别的。例如，我们或许会有减肥的动机，但是我们缺乏对营养学的认识和必要的烹饪能力，因此无法设计有效的减肥计划，并把它坚持到底。或者反过来，我们有认识和能力，却缺乏动机，这同样无法完成减肥任务。本书的一个宗旨就是，我们的积极行为和消极行为都是由环境塑造的，敏锐辨识我们所处的环境，不但可以极大提升我们进行改变的动机、能力和认识，还会给我们增添巨大的信心，相信自己能够做到。

面对现实吧，你谢顶了

我至今仍能清晰地回忆起成年后第一次坚定的习惯改变行为。那一年我26岁，和我第一个也是唯一一个妻子丽达结了婚，同时在加州大学洛杉矶分校攻读组织行为学博士学位。从高中起我就有脂溢性脱发，但是当时我不愿意承认。每天早上对着浴室的镜子，我都会花几分钟时间认真梳理头顶上那几根稀疏的棕色头发。我把后脑上的头发梳到前边，在额头上盘个圈，（那看起来就像是一顶桂冠）然后顶着这可笑的装束踏出家门、走进世界，自以为看起来和常人无异。

理发的时候，我常会详细指导理发师怎样修剪我的头发。有一次我在理发的时候打了个盹儿，结果理发师把头发剪得太短了，留下的头发不够打理我的"桂冠"发型了。我顿时感到有点惊慌失措，想戴几个星期帽子，等头发长出来再说。但是到了晚上，我站在镜子前对自己说："面对现实吧，你谢顶了，是时候接受它了。"

就在那一刻，我决定把头顶仅剩的几根头发也剃掉，从此以光头面对生活。这个决定并不复杂，完成它也不需要费多大功夫，理发师几下就能帮我搞定。但那依然是我成年以后做出的最释放自我的改变。它令我释然地对待自己的外貌，我因此感到快乐。

我不确定是什么因素诱发我接受了自己的新形象。或许我害怕永远都要顶着为数不多的头发开始一天的生活，或许我意识到了自己不过是在自欺欺人。

原因是什么并不重要。真正重要的在于，我确实决定去改变，并成功地把那个决定付诸行动。这并不容易做到。我曾因为头发稀少而焦虑、烦躁数年之久，那时我的举动，放在人类的蠢事系列中，大概介于虚荣和白痴之间，但我还是把那种愚蠢的行为坚持了很多年，因为首先我不肯承认自己谢顶；另外，在惯性的动摇下，我发现沿用自己熟悉的方式比改变要容易得多。在此次理发事件中，我拥有的一个优势在于：知道怎样实施这种改变。它不像减肥、学一门新外语、做更好的倾听者等事情需要几个月不断衡量、跟进，坚持自律，也不需要其他人的配合。我只需要让理发师好好理发，不再对他指手画脚就行了。如果我们所有的行为习惯改变都能如此简单，那该有多好。

真理2：没有人能让我们改变，除非我们甘愿改变

这条真理不言而喻。改变总是发自内心的。谁也无法诱使或强迫他人改变。一个并非全心全意想要改变的人，永远都不会改变。

我做"改变"业务十二年以后，才真正理解这个简单的道理。那时我已经指导了一百多名高管，绝大多数案例都是成功的，但也仅仅是绝大多数。

我在检讨极少数失败案例时得出一条结论：有些人想要改变，但只是嘴上说说，并非发自内心。在选择客户方面，我曾受过深刻

教训。当客户信誓旦旦地说他们想要改变时，我相信了他们，却没有更深入挖掘他们说的是不是真话。

在得出那条"口是心非"的结论后不久，我应邀与哈里合作，他是一家大型咨询公司的 COO（首席运营官）。哈里是个一流人才，他聪明、积极、勤奋，但也存在傲慢自负和过于自满的问题。他习惯性地不尊重自己的直接下属，以至于下属个个都想跳槽。这令公司 CEO 大为恼火，因此他请我来指导哈里。

哈里一开始说得很好，他向我保证，他非常希望立即行动，让自己变得更好。我采访了他的同事和直接下属，还有他的妻子和十几岁的孩子。所有人告诉我的情况都一样：尽管哈里的专业水平很高，但他总有一种难以遏制的欲望，总想成为房间里最聪明的人，总想证明自己是正确的，总想赢得每一场争论，这令大家感到难以忍受。因为人们都不喜欢被打击甚至是当头棒喝，他们因为哈里的这种性格而放弃了不少沟通机会。

在哈里和我一起总结有关他的全面反馈时，他声称会珍视同事和家人的建议。但每当我提出一个需要改进的方面时，哈里就会一点点解释，他的问题行为实际上是有理有据的。哈里告诉我他大学主修的是心理学，然后就带我分析周围每个人的行为问题，最后总结出：需要改变的不是哈里自己，而是其他人。甚至在一次张狂的自我吹嘘时，他竟然厚着脸皮请我帮忙去把其他人变得更好。

如果是在年轻的时候，我会忽视哈里的抵触，然后和他一样带着傲慢的较劲心理，坚信自己能够帮助他脱离常人都能避免的误区。幸好，我想起了早年得到的教训：有些人想要改变，但只是嘴上说说，并非发自内心。我渐渐明白，哈里只不过是把与我的合作当成了另一次机会，来展现他的优越性，扭转周围所有"糊涂虫"对他的误解，连他的妻子和孩子们也算在内。到我和哈里第四次会面时，我主动放弃了这个魔鬼。我告诉哈里，我的指导对他不会有多少帮助，最好就此告别。后来听说哈里被公司辞退，我既没有感到高兴，也没有吃惊。毫无疑问，CEO最终认定哈里这个拒绝帮助的人已经透支了全部专业能力和个人价值。

我常常回想起哈里的故事，从这个鲜明的例子中可以看出，哪怕改变行为习惯能带来大量回报而且没有任何风险，而固守现状会让我们付出职场和生活上的双重代价，我们也依然会拒绝改变。

甚至在生死攸关的事情上，我们也不能成功改变。想想戒除一个坏习惯（比如戒烟）有多难吧。尽管要面对癌症的威胁，尽管会受到公众的指责，依然有超过66%说想戒烟的人从没有真正行动起来；而在那些尝试戒烟的人里面，90%的人都失败了；至于那些最终取得成功的人，可以说是最积极、最坚守原则的人，在戒烟成功前他们也会平均失败6次。这个数字简直太令人气馁了。

和生活中的其他行为习惯改变相比，戒烟只能算是简单的挑战。说到底，它只是一种个人行为，只涉及你和你的习惯，只不过是一个人独自和恶魔斗争罢了。你可以点烟，也可以不点。这取决于你，而且只取决于你，其他任何人在这件事上都没有发言权。

再想象一下涉及别人的行为习惯改变会有多难。你无法准确预测别人的行为，也无法控制他们，但他们的行为却会影响你的成败。用打网球做比，戒烟就好像是在热身，飞过来的球都是绵软无力的；

而其他涉及别人的习惯改变却像是正式比赛，对手的每一次击球都无比凌厉。

这就是成年人改变行为习惯如此困难的原因。如果你想成为更好的伴侣，或者在工作中成为更好的经理，你不但要改变自己的行为方式，还必须得到爱人或同事的某种认同，必须让你周围的每一个人都认识到你在改变。依靠他人只会让改变的难度呈指数级增长。

在继续阅读之前，请认真理解这句话：本书的主题并不是教你如何戒除抽烟或者半夜吃冰激凌这样的坏习惯。尼古丁和冰激凌并不是我们的目标所指。本书的主题，是教你如何在尊重和珍爱的人身边，改变自己的行为习惯。这些人才是你的目标受众。

是什么让积极、持久的行为习惯改变如此困难，导致我们大多数人都提前放弃了这场游戏？答案就是：因为我们必须在这个不完美的世界里行动，这里充满了可能吸引或迫使我们偏离轨道的诸多诱因。

好消息是，行为习惯改变不见得都很复杂。当你搞懂本书中的方法之后，你会发现我的建议十分简单，但不要就此轻而视之。实现有意义且持久的改变或许真的很简单，起码比我们想象的更简单。

但是简单并不等于容易。

自律的 15 个魔鬼误区

2001～2013 年，迈克尔·布隆伯格（Michael Bloomberg）一直担任纽约市市长一职，他是一位不知疲倦的"社会工程师"，始终致力于把人们的行为变得更好（至少他是这么想的）。不论是在公共场所禁烟，还是规定所有市政车辆全部改月混合动力，他的目标始终是纽约市的自我完善。

2012年，在布隆伯格的第三个任期（也是最后一个任期）即将结束之际，他决定向日益蔓延的儿童肥胖症宣战。为此，他禁止销售容量大于16盎司（约合454毫升）的含糖软饮料。布隆伯格的行为值得商榷，因为其中确有一些漏洞，但我们应该都同意，抑制儿童肥胖症是一件好事。布隆伯格试图从一个小方面入手，改变这种诱导人们消费太多含糖饮料的环境。他的逻辑可谓无懈可击：如果商家不提供32盎司包装的饮料，消费者——比如电影院观众——花再多钱也买不到超过16盎司的大杯，那么他们就只能买小容量包装的饮料，从而摄入更少的糖。布隆伯格没有明令控制人们喝含糖饮料的总量（人们仍然可以买两杯16盎司的饮料），他只是设置了一个小障碍，以此来改变人们的行为习惯——就好像你关上了自己办公室的门，如果有人要见你，就必须先敲门。

就个人而言，布隆伯格的规定和我没有半点儿关系。我不是来这里当判官的。我的任务是帮助人们成为理想的自己，而不是告诉他们理想的自己应该是什么样子。我把布隆伯格抑制儿童肥胖症的规定作为案例，只是把它看作在人们抵制改变的重重阻力中的一场练习。

社会各界掀起了一股批评"保姆型政府"的风潮。这个名叫布隆伯格的家伙是从哪儿冒出来的，居然想要管我怎样生活？地方上的政客也表示反对，因为布隆伯格没有事先咨询他们的意见，他们痛恨这位市长的专横作风;美国全国有色人种协进会(NAACP)之所以反对,是因为他们认为布隆伯格在限售软饮料的同时,还减少了拨给学校的预算,所以这不过是一种伪善;而那些"夫妻店"老板之所以反对,是因为该禁令豁免7-11之类的便利店可以继续出售大包装饮料,这可能导致"夫妻店"的倒闭。《每日秀》主持人乔恩·斯图尔特(Jon Stewart)揶揄这位纽约市长:"卖大麻罚款100美元,非法销售大包装软饮料呢?200!"

诸如此类的反对和嘲讽之声还有很多。最后,在一连串的诉讼之后,纽约法庭认为这项禁令"武断而任性",将其否决。我对此事的看法是:哪怕改变某种行为习惯能给个人和社会带来无可置疑的好处,我们却依然擅长编造各种理由,竭力避免改变。想办法攻击那些想要帮助我们的人,驳斥他们的想法,比努力解决问题更容易,也更有趣。

轮到我们改变自己的行为习惯时,我们会把人类善于逃避的天赋发挥得更加淋漓尽致。我们会拥奉一套滋生否认、抵制与自欺欺人的思维,这种思维比找借口更可恶。借口是我们在辜负他人时顺手丢给对方的解释,一般都是在紧急情况下就地取材编造的。例如,我们不锻炼,是因为"这不好玩"或者我们"太忙了";我们迟到了,是因为"堵车"或者"孩子们有急事";我们伤害别人,是因为我们"别无选择"。这些借口基本上都是小学生说"狗把我的作业吃了"的改编版,一看就知道是胡编,即使当事人没有说谎,别人也很难相信。

然而,当我们辜负自己的时候,心里暗藏的文过饰非的想法又是什么呢?单单一个"借口"已经不足以描述这些内心想法,它们代表了我们对这个世界的理解。借口只是在事后解释为什么没有达到预期，而我们那些内心想法，往往产生于事发之前，是它们诱发了失败，扼杀了持久改变的可能性。我们拿这些想法当信条，为自己的不作为辩解，就这样放弃本可以达成的目标。我把这些想法称为思维误区，以下是 15 中常见的思维误区。

误区 1：如果我知道，我就能做到

我在本书中提到的每一件事都是有用的。它们不是"有点儿用"或者"在某种程度上有用"，而是有实实在在的作用。我基于几十年指导高管的经验和涉及数千人的大量研究，提出了这些建议。我的建议并不复杂，甚至可以说很简单。看过之后你将懂得如何跨越"理想的你"和"真正的你"之间的鸿沟。不过这并不意味着你能做到。

有时候读者会告诉我："你这都是老生常谈，我看不出其中有什么以前不知道的新玩意儿。"这是针对大部分励志类书籍的常见点评，你现在或许也会这样想。对此，我的一贯看法是：你说得很对，但是我敢打赌，你在本书中会读到大量你没有做过的事情。

如果你曾有过这样的经历：在一场研讨会或者同事聚会上，大家一致同意下一步应该怎么做，结果一年以后一切还是老样子，你就会明白"知道"和"做到"完全是两码事。仅仅知道怎么做，并不能保证人们真的会去做。"认为知道就能做到"的思维误区诱发了概念的混淆。

还有 14 种常见的思维误区。你或许对它们都很熟悉，或许认为它们并不适用于你。但这种想法也同样是值得怀疑的。

误区 2：我意志坚强，不会向诱惑投降

我们崇拜意志力和自控力，看不起缺少这些能力的人。那些通过非凡意志力取得成功的人，是"强大且英勇"的，而那些需要他人帮助或需要做规划的人，却是"软弱"的。这种想法可以称之为疯狂，因为很少有人能精确评估或预测自己的意志力。我们不但高估了它，还习惯性地低估了那些让我们误入歧途的诱因，我们所处的环境像一台威力巨大的振动器，会不断抖掉我们身上的意志力。

> 在《奥德赛》①中，英雄奥德修斯（Odysseus）在结束了特洛伊战争后返程的路上，遇到了很多危险和考验。有一次，奥德修斯的船必须经过海妖塞壬（Sirens）所在的海域，但塞壬会依靠美妙的歌声引诱水手，让他们倾听失神，驾驶航船触礁沉没。
>
> 奥德修斯很想听听塞壬的歌声又不想送命，于是把蜡融掉后堵住随从的耳朵，把自己绑在桅杆上，这样即使他听到塞壬的歌声，也没有能力做出疯狂的举动。奥德修斯知道，光靠意志力不足以抵御塞壬的诱惑。

大多数人都不能像奥德修斯一样预见自己将要面对的挑战。于是我们在设定目标时假定拥有的意志力，在实现目标的过程中却发

---

① The Odyssey，公元前 800 年由古希腊盲诗人荷马创作的《荷马史诗》的其中一部，另一部是《伊利亚特》。——译者注

挥不出来。征途中总会有这样那样的突发情况，摧毁我们驶向目标的航船。"认为自己意志坚强"的思维误区诱发了过度自信。

误区3：今天是个特殊的日子

当我们想为错误的行为找借口时，每一天都可以被认定为"特殊的日子"。我们让步于冲动和一时兴起，因为今天有超级碗比赛①，或者是我的生日，或者是我们的结婚周年纪念日，或者是休息日，或者是国家饼干日（或许你还不知道，这一天是12月4日）。等到明天再让一切回归正常，到时候我还是那个能够自律的我。

如果我们真的想要改变，就必须接受这种现实：不能每次当日历给我们提供一个更有诱惑力的替代选择时，我们就赦免自己，放弃正确的选择。**把时间的流逝归咎于外部事件的打扰，会诱发我们愈加放纵自己的反复无常**——这对改变行为习惯来说是致命打击。

成功的改变不会在一夜间实现。这是一场持久战，不是闪电战，某个特殊日子里的瞬间喜悦并不能证明你已经成功。

误区4：至少我比×××强

在遭遇失败或挫折的低谷时刻，我们会对自己说："至少我比×××强。"我们奖励自己轻松过关，因为我们还不是全世界最差的。因为这个借口，我们看淡了许多事，降低了我们的积极性和自律性。"毕竟还有人比我更需要改变"的错觉，诱使我们给了自己豁免权。

---

① Super Bowl，美国国家橄榄球联盟的年度冠军赛。——译者注

误区 5：我不需要规划和帮助

危害最大的思维误区之一，就是看不起简单的规划和帮助。大多数时候我们过于自信，认为不需要规划和帮助就能完成看似简单的任务。

就像阿图·葛文德博士（Atul Gawande）在《清单革命》（*The Checklist Manifesto*）一书中所讲的一样，当医生们按照一个简单的五步清单执行操作后，虽然只是类似洗手、清洁患者皮肤、插入导管之后使用消毒纱布等机械动作，却几乎彻底消除了重症监护室里的中心静脉导管感染情况。

然而，尽管多年以来的事实证明按清单操作的成功率极高，医生们却依然拒绝这样做。在经过几年的医学培训之后，很多医生认为这种唠叨式的固定提醒是对自己的侮辱，如果护士在一旁提醒，这种感觉就更加强烈。

这种自然反应结合了三种强烈的冲动：

◆ 我们轻视简单的事情（只有复杂的事情才值得关注）；
◆ 我们轻视指导，不愿意遵循指导；
◆ 我们坚信自己可以完全靠自身力量取得成功，尽管这种信心毫无依据。

以上三点结合起来，在我们心中诱发了一种不讨喜的例外主义。当我们自以为比那些需要规划和指导的人更聪明时，我们就缺失了进行改变的最关键因素之一：谦逊。

误区 6：我不会累，我的激情也不会消退

在早上做计划的时候，我们并不累，于是为自己设置了很长的工作时间。我们这时可能神清气爽、充满精力，但是在工作几个小时以后，我们就会开始疲劳，更容易放弃原有计划。

在我们计划如何达成目标时，我们相信自己的精力不会衰退，永远都不会失去努力改变的激情，却很少意识到自控力是一种有限的资源。当我们疲劳时，自控力也会衰减，甚至完全消失。**需要投入百分之百的绝对努力才能完成的计划，会诱发损耗。**

误区 7：我有很多时间

我们的意识中同时存在两种相互对立的思维，它们混合形成了一种扭曲的时间观：

- ◆ 习惯性低估做好一件事所需的时间；
- ◆ 相信时间是没有尽头的，足以让我们最终完成所有的自我完善目标。

我曾向自己承诺，今年要读完《战争与和平》，结果我已经连续承诺了 43 年。这种相信时间可以无限宽容的信念，诱发了拖延。

误区 8：我不会分心，也不会有任何意外事件发生

为将来做计划时，我们很少考虑分心的因素。在我们的计划中，自己会一直活在一个完美的世界里，一个人专心致志地实现一个又

一个目标。尽管这种不受任何打扰的状态从未发生，我们依旧按这样的设想做计划，好像将来肯定会有这种天堂般的世界存在。我们在开始工作时没有考虑这样的事实：生活总是会闯进来改变我们事先安排好的优先顺序，考验我们的专注程度。

攻读数理经济学学士学位，让我知道了小概率事件高概率发生的现象。我们没有为小概率事件做计划，因为从定义上来说，它们当中的任何一个都几乎不会发生。谁会计划爆胎、意外事故，或者因为路上一辆车翻车造成的交通堵塞呢？不过这些事件中至少有一个会以高概率发生。

我们都是这种现象的受害者，我们遭遇的交通堵塞、爆胎和意外事故，比我们想象的多得多。"认为自己不会分心"的思维误区诱发了不切实际的期望。

讽刺的是，正当我在星期天下午敲这些文字的时候，收到了一封客户邮件，她说："我在工作中遇到了紧急情况，需要你深思熟虑后给出建议。我们现在能找时间谈谈吗？"尽管她在星期天下午联系我紧急会谈的概率接近于零（她之前从未这样做过），但是很显然，星期天下午发生某些让人分心的事件的概率相当高。

在我对高管进行指导时，一般会和他们合作18个月之久。我提醒每位高管，这个过程会比他们想象得更长，因为总会有波折出现。我说不出具体是什么波折，但它一定会是合理而且真实的，例如一次并购、一次研发失败、一款主要产品召回，都有可能大幅增加实现积极改变所需的时间。我们无法预测会发生什么，但是我们必须要有所预期——意外事件将会使我们分心，并因此放慢脚步。

误区9：一次顿悟将会瞬间改变我的生活

顿悟，表示这种改变来自洞察力和意志力的突然爆发。它当然有可能发生。一个陷入低谷的酒鬼，一个破产的赌徒，一个受到解雇威胁的糟糕的CEO，有时会在刹那间看到希望的曙光。但更经常发生的情况是，**顿悟诱发了一厢情愿。**

我怀疑所有"立竿见影"的经验。它们或许能在短时间内催生改变，但是不会带来任何有意义或持久的改变——因为这个过程的形成基础是冲动、希望和祈祷，而不是策略和规划。

误区10：我的改变将是永久性的，我再也不用担心了

西方人有一种严重的社会通病，认为"如果……，我就会幸福"。这是因为我们把幸福看成一种静态的最终目标，只要我们得到了那个职位，或者买到了那所房子，抑或是找到了那位爱人，就能够得到幸福，一劳永逸。当代生活中最流行的故事反复给我们灌输这种观念：有一个人，他花钱购买某种产品或服务，他一直很幸福。这叫做电视广告。

美国人一生平均会花14万个小时看电视，被洗脑是不可避免的。我们难道不是经常期待着某种积极的改变可以一劳永逸吗？我们设定一个目标，误以为实现了这个目标就能幸福，就再也不会有悔恨。**这种思维误区诱发了一种错误的感觉：认为事物是永恒不变的。**

如果真是这样就好了。我为了研究如何改变领导行为，对全世界超过86 000人进行了调查，结果发现，领导行为其实是一种

"接触运动"①，呈现出的是与永恒截然不同的景象。如果不持续跟进，我们的积极改变就无法延续。这就好像是减肥和保持体型之间的区别，一个是达到我们控制体重的目标，一个是把它保持下去。哪怕我们实现了前一个目标，如果不能坚持努力和自律，也难以保持那种状态。我们要坚持去健身房才能保持体型，而且要永远坚持下去。童话故事的结尾总是"从此以后，他们过上了永远幸福的生活"。所以它只能是童话。

误区 11：我在解决老问题的时候不会带出新问题

即使我们同意没有哪种改变能一劳永逸地解决我们的问题，但我们还忽略了一点——当我们把一个老问题扫地出门的时候，往往还会有新问题夺门而入。和那些成功客户在一起的时候，我总会听说这种情况。他们一致认为，只要经历两次董事会会议，晋升为CEO的快感就会烟消云散。老问题是如何成为CEO，现在问题则变成了如何成为一名优秀的CEO。**这种思维误区诱发了一种对未来挑战的根本性误解。**

中彩票就是一个生动而臭名昭著的例子。谁没想过一夜暴富，从此无忧无虑地过上幸福生活？但是研究表明，就在中大奖两年以后，这些中奖者就没有最初收到支票时那么幸福了。一夜暴富解决了他们的老问题（偿清了债务，供孩子们读上了大学），但新问题也随之而来，亲戚朋友和慈善机构突然现身，希望得到慷慨的资助。

---

① Contact Sport，需要发生身体接触的运动项目，如篮球、足球。——译者注

过去和老朋友一起住在廉价社区是问题，现在住进高档社区却没有朋友也是问题。

误区 12：我的努力会得到公正的回报

从孩提时起，我们就被灌输这样的理念——上天是公平的，我们的卓绝努力必将得到回报。当我们没有得到相应的回报时，就会有一种上当受骗的感觉。希望的破灭诱发了悔恨。

在指导高管的时候，我发现他们之所以追求改变，是因为他们发自内心地相信这是正确的选择。这将帮助他们成为更优秀的领导、朋友和家人，他们可以在现在的轨道上改善身边人的生活，还能够按照自己信奉的价值观生活。

如果一个人追求改变只是为了得到外界回报（比如职位和薪水），我不会与他合作，因为

- ◆ 他不一定能得到想要的东西；
- ◆ 如果这种回报是唯一的动机，他迟早会重回老路；
- ◆ 我付出所有努力，只是在帮助一个冒牌的成功人士。

变成更好的人，这本身就是一种回报。如果我们能认识到这点，就永远不会有上当受骗的感觉。

误区 13：没有人关注我

你是否觉得自己偶尔可以犯一些错，因为人们不会太注意你，

你对他们来说几乎是隐形的？这种思维诱发了一种危险的孤立倾向。更糟糕的是，这种想法只对了一半。如果我们缓慢而坚定地进步，别人的感觉或许没有我们自己的感觉明显，但是只要我们回归较差的行为习惯，人们就一定会注意到。

误区 14：如果我改变自己，就不真实了

我们或许还会有一种错误思维：认为我们现在的行为习惯不但定义了我们自身的特点，还代表了永远真实的自己。如果我们加以改变，在某种程度上就不再是真正的自己。这种思维诱发了顽固。我们拒绝调整自身行为去适应新环境，因为"那不是我"。

例如，我经常遇到这样的主管，他们自我评价说："我不擅长表扬人，如果我那样做了，就不是我了。"然后我就会问他们是否患有什么不可治愈的遗传病，在他人值得表扬时也无法去表扬人家。

我们不仅能够改变行为习惯，还能改变我们定义自己的方式。如果你把自己放进一个标有"那不是我"的箱子里，那么你就别想再轻易爬出来了。

误区 15：我有自知之明

众所周知，人类自我评估的准确性很差。我曾让超过 8 万名专业人员给自己的表现打分，70% 的人认为自己在同侪中能排到前 10%，82% 的人认为自己在前 20%，98.5% 的人认为自己属于前 50%。如果我的调查是成功的，这意味着我们更倾向于把成功归因于自己，把失败归咎于环境和他人。这种思维诱发了客观性的缺失。

它让我们相信，虽然其他人总是在高估自己，但我们对自己的判断还是非常公正和准确的。

过度自信、顽固、一厢情愿、混淆、悔恨、拖延，这些都是我们改变路上的沉重负担。所有这些辩解理由，有的深奥，有的愚蠢，但依然不能彻底回答那个根本问题：为什么我们成不了理想的自己？为什么我们有时候计划要成为更好的人，但只过了几天甚至几个小时就把这个计划抛诸脑后？

一个更强大的原因解释了为什么我们不能实现自己想要的改变，它比我们那些高水平的借口还要强大，比我们对思维误区的执著还要强大。它就是环境。

你不改变环境，环境就会改变你

大多数人在生活中都没有察觉，环境塑造了我们的行为习惯。

当我们在拥堵的高速公路上出现"路怒症"①时，并不是因为我们是反社会的怪物，而是因为车开不快，汽车一辆挨着一辆看不到尽头，周围都是粗鲁、不耐烦的司机，这种临时状态诱发我们丢弃了温文尔雅的风度。我们在不经意间把自己置身于一个充满烦躁、竞争、敌意的环境里，是环境改变了我们。

当我们对餐厅的饭菜大失所望时，可能会厉声呵斥一位态度谦和的服务员，并对餐厅领班恶语相向，虽然这两个人都不是给你做

---

① Road Rage，指汽车或其他机动车辆的驾驶人员具有攻击性或愤怒的行为。——译者注

菜的人。这不是因为我们经常表现得像法国国王路易十四一般傲慢无礼，而是一种失常行为，我们本以为在这家餐厅表现得彬彬有礼能够得到礼遇，但现实却激怒了我们。如果环境如我们预期，我们依然会规规矩矩。走出这家餐厅，我们又会回归现代好市民的形象：耐心、礼貌、不摆架子。甚至当我们留意到了环境，愿意置身其中的时候，也会成为它无情力量的牺牲品。

三十年前，我有50%的时间都是在坐飞机，当时我把机舱当成一种读书写作的理想环境。在飞机上没有电话、电脑和其他不必要的干扰。这种经常性的旅行并不让人讨厌，反而让我更加高效。但是随着航班上提供的娱乐服务越来越多，从一个屏幕、一部电影扩展到Wi-Fi覆盖、有50个频道可供观看时，我的效率也下降了。修道院般的宁静空间变成了诱人分心的闪亮游乐场。我受到了诱惑。

在跨越几个时区的飞行中，我不再去努力完成工作或补个觉，而是选择连续看两三部毫无意义的电影。当我到达目的地，走出机舱的时候，也不再有安全着陆的幸福感和迅速开始下一项任务的激情，相反，我痛恨自己在飞机上浪费的时间。我感觉自己违反了自律原则。

我还注意到，以前我离开机场的时候都会感到身心放松、精神抖擞，现在却感觉更加劳累乏力。我花了好几年时间才意识到，机舱环境已经发生了变化，而我也随之发生了变化。可惜并没有变得更好。

如果说这本书能够治愈一种"疾病"，那么这种疾病的病灶就是我们对所处环境的彻底误解：我们以为自己能够与环境和平共处，实际上它却在和我们斗争；我们以为自己能够控制环境，实际上却是它在控制我们；我们以为外部环境是对我们有利的，比如可以帮助我们，实际上它却在剥削、压榨我们。环境从不关心能给我们什么，它只在乎能从我们这里攫取什么。

在人生这场大戏中，我倡导的是像对待敌人一样对待环境。它就像赌桌对面的庄家一样真实，而且气势逼人。我们所处的环境并不只是我们的指尖、皮肤、肉体之外的无形空间。它不像我们周围的空气，虽然我们一直都在呼吸，但是只要把注意力转移到其他事情上，就可以忽视空气的存在。

环境是永不停歇的诱发机制，它对我们的行为影响太大，一刻都不容忽视。把环境当成一个有血有肉的人不是一种空想，而是一种帮助我们最终认清困难的策略。（有时候，我建议给我们所处的环境起个名字。）

当然，环境也不是时时刻刻都与我们敌对。它也能成为我们肩上的天使，把我们塑造成更好的人，比如当我们出席婚礼、同学聚会或者颁奖晚宴时，整个房间里都洋溢着醉人的幸福气息，大家相互拥抱，相互承诺要保持联系、经常见面。

但当我们回归正常生活，也就是脱离了那种环境的一瞬间，这种感觉往往就会立即消失。环境的变换改变了我们，让我们忘记了当时的承诺，与其他人疏于联系。这种反差可以算是突兀。一种环境为我们注入了积极的情绪，另一种环境却把这种情绪消灭殆尽，好像一度让我们沉醉的幸福感从来没有出现过。

在大部分时间里，环境都如同魔鬼。这也是令大多数人困惑的一点，不论我们是和同事们一起坐在会议室，还是到朋友家吃晚饭，抑或是每星期给年迈的父母打个电话，进入新环境总会在不知不觉间改变我们的行为习惯。

近刻薄者刻薄

我和妻子丽达都不算愤世嫉俗之辈。虽然我的工作就是指出人们面临的各种挑战，但在日常生活中，我还是努力不去随意评判他人。在看到别人的小瑕疵时，我也会放他一马。而丽达不需要像我这样"包容"别人，她永远是一群人中最亲切的一个。

然而，只要与邻居特丽和约翰共进晚餐，我和丽达就会变成与平时截然不同的自己。

特丽和约翰是一对滑稽有趣的夫妻，但他们的幽默细胞却有点扭曲。他们会以刻薄、讽刺，甚至残忍的口吻谈论几乎任何事物，不论他们是在谈论我们共同的朋友还是警察，抑或是邻居家的宠物，都没一句好话，好像他们是在参加什么脱口秀的面试。

每次和他们一起吃过饭后，我和丽达都会为我们自己在饭桌上跟特丽和约翰一起嘲讽他人而感到惊讶。这可不是我俩的一贯风格。我和丽达试图寻找自己这种不正常行为的原因，最终发现当时唯一的特殊之处就是和我们一起吃饭的人以及我们身处的环境。

和性格温柔的人在一起，人们说话会更温柔；和语速快的人交流时，人们说话会更快；在特丽和约翰营造的刻薄氛围中，我和丽达的说话方式也受到了他们潜移默化的影响。

12.7摄氏度，人们更容易发笑

有时候，改变一个因素就能把一个完美的环境变成一场灾难。这个因素或许并没有改变我们，但它改变了我们周围的所有人，以及这些人对我们的响应方式。多年以前，我受邀在一家咨询公司的内部会议上发言。尽管我之前和这家公司的合作很默契，但那次却出了问题，没有人参与互动，没有欢快的笑声，只有一群看似非常聪明的人安静地坐在那里，好像我说的话不能引起他们的任何兴趣。我开始思索其中的原因，最后意识到，房间里太热了。

令人惊讶的是，仅仅把房间里的温度调低了几度，整个会场的气氛就来了个一百八十度大转变。就好像某位摇滚明星在更衣室里需要M&M巧克力豆一样，我也需要清凉一点儿的环境才好发表演讲。我因此明白，环境的一点点改变，也可能扭转一切。

我曾听说，脱口秀节目主持人大卫·莱特曼在登台前会把现场气温调到凉爽的华氏55度（约摄氏12.7度）。他在20世纪80年代试验了各种温度，发现他讲的笑话在华氏55度时效果最好，这时候他的声音听起来更加明快清脆，观众也更加聚精会神。

消极环境诱使我们化身魔鬼

最有害的环境，是那些迫使我们在是非观上做出妥协的环境。

在工作中的极端竞争的环境下，大部分本性忠厚的人都可能做出违背原则的事。

我还记得在一家欧洲公司与一位名叫卡尔的杰出 CEO 的合作。卡尔的管理风格偏向于专制独裁，他固执、苛刻、爱惩罚人。为了得到 CEO 的职位，卡尔要求员工必须倾尽全力做出业绩。他会开除任何忽视或反对他"用业绩说话"理论的人。即使对待那些忠诚的员工，卡尔也会咆哮着要求他们不惜一切代价达成业绩目标。

不出意外，下属们开始找一些完成业绩目标的捷径。有人开始打道德的擦边球，后来甚至明目张胆地违反原则行事。在卡尔营造的工作环境中，员工并不认为这种做法算是道德败坏，因为在他们看来，这是达成目标的唯一选择。

这种做法最终酿成了一桩道德丑闻，公司不仅因此损失了数千万欧元，还落得名誉扫地。卡尔为自己辩解说："我从未要求我的人做任何不道德或者违法的事情。"但事实是用不着卡尔要求，他营造的环境已经表明了他的立场。

即使我们平时总是表现出友善的一面，但在与他人进行一对一交流时，环境往往会改变我们的态度。有时候，我们对待好朋友形同陌路，好像以后再也不会和他们见面一样。

几年前，我和一位名叫杰姬的女士讨论因工作引发的情绪疲劳。杰姬似乎想要放下一些沉重的心理负担，所以我选择静静聆听。杰姬是一家销售公司的常驻律师，主要处理劳务关系问题。她的一项职责就是与主动或被动离职的销售主管就离职协议进行谈判。

杰姬说："这是我最不喜欢的一部分工作，我是在他们职业生涯最脆弱的时候和他们谈判。这时候，他们大多数人前景不明，而我要从他们身上为公司争取更多利益。"

杰姬特别提到了一位被迫离职的销售主管。这位主管与杰姬是大学同学，毕业后没有见过面，但到这家公司工作后又恢复了联系。他们会定期就工作进行会谈，偶尔也有私人交往。杰姬的工作是谈好这位主管的离职条件。离职补偿金的发放是有合同规定的，数额也不算少。之所以还需要谈判，是因为这位主管的销售账户下持续有资金入账，双方要为这笔资金商定一个合理的分配比例。

出于一些没有说出的原因，杰姬在沟通中一直保持强硬立场。在几个星期的电子邮件和电话交流中，她用尽了所有谈判手段，确保公司从销售主管的销售账户中得到了最大份额。

一开始，我不明白她为什么要跟我讲这些。我对她说："你是在履行自己的职责，一点儿也没错。"但是很显然，她因自己这种行为感到苦恼。

杰姬说："我当初也是这样对自己说的。但那个人是我的朋友。他应该得到一些补偿。我为了 20 000 美元和他斤斤计较，这些钱对公司来说只不过是九牛一毛，但对一位失业的朋友来说却很重要。我会给对方留下怎样的印象？这是我职业生涯中最沉痛的悔恨。"

现在想来，我当时应该对杰姬说一些安慰的话。但是这件事发生在十年前，那时我还不太懂得环境的邪恶力量。

现在我当然已经明白了。作为一名律师，杰姬受到的培训就是与另一方对抗，她习惯了在细节上争辩和谈判。在一家销售公司里，每一个人都在盘算谁的业绩提升了，谁的业绩下降了，谁榨尽了一笔生意的每一分钱。杰姬希望让自己显得尽职尽责，这样才能展现出她对公司的价值。不幸的是，这种赶尽杀绝的环境强化了杰姬的攻击性，模糊了她的是非观。在希望成为谈判专家的激情中，她的人性却显得有点业余了。

有些环境的设置，专门就是用来误导我们违背自身利益的。当我们在高级购物中心过度消费时就是这样。你可以把这归答于一种专门设计的零售体验：从灯光到颜色搭配，再到走廊的宽度，都是为了最大化我们的欲望，让我们自愿掏出自己的钱包。真正令人感到奇怪的是，这种购物环境并不像夜路上的劫匪，突然跳出来抢钱。我们根据过去的经验，自愿选择把自己置身于这样一个环境，它会诱发我们买一些既不需要也不想要的东西。如果我们没有事先列一个购物清单，这种情况就更加明显。我们会受控于随机的、缺乏自律的消费冲动，并产生一种模糊的感觉，觉得自己不能空手离开。

在过度消费的过程中，我们陷入了一个自己为自己设计的陷阱。赌场和在线购物的环境更不安全，那里有非常聪明的人时刻牢记一个目标：设计好每一个细节，诱发顾客停下来消费。

你为什么患上了"睡眠拖延症"？

还有一些环境虽不像高级购物中心一样刻意经营、掠夺成性，但它们也不是站在我们的立场上的。想想一年到头你有多少时候想睡个好觉？睡眠不足是一个全国性问题，约有三分之一的成年美国人和六分之一的美国青少年被睡眠所困扰。

睡觉理应是件容易的事。而且我们也有睡个好觉的动机，毕竟人人都想一觉醒来精力十足、神清气爽，没有人愿意整日昏昏沉沉、懒散懈怠。

我们知道自己需要多少睡眠。这不过是一道基础数学题。如果我们第二天早上要早起上班或上课，需要 6 小时睡眠，我们就应该倒推计算，在前一天晚上 11：00 左右睡觉。我们也有控制权：睡觉属于个人活动，其环境完全由我们自己掌握，从房间到床，再到床单和枕头，我们可以自由选择。

那么，我们为什么不做对自己有好处的事情呢？为什么我们不去获得足够的睡眠让第二天精神焕发，却非要玩到深夜，第二天一身疲惫地醒来呢？

我认为，这是因为我们从根本上误解了环境对我们行为习惯的塑造作用。荷兰乌特勒支大学的研究人员把由此引发的一种现象称为"睡眠拖延症"。我们之所以推迟正常的入睡时间，因为我们想停留在当下的环境里，继续看夜场电影、玩电子游戏或者打扫厨房，而不是进入相对平静而舒服的被窝。这是我们在竞争环境中做出的一种选择。

因为我们没有认识到环境对我们选择的影响，所以才没有做出正确选择（比如按时上床）。我们继续按自己的习惯做事，成为惯性的牺牲品，却没有意识到我们不只是在劳累的时候才需要休息，还必须养成更好的习惯，努力睡个好觉。

如果知道环境能够破坏睡眠习惯，我们就会改变自己的行为。到了睡眠时间，我们就会停下手头的事，关掉手机、iPad 和笔记本电脑，按计划上床睡觉。

如何打准环境变化的"移动靶"？

我们怎样才能通过自律而不是凭运气把坏习惯变成好习惯呢？这就是本书后续内容的主题，也是本书的目标。

但是首先，我还得说一条坏消息。环境并不是静止不变的，它时时刻刻都在变化。它是一个移动靶，如果你不好好瞄准，射击时很容易脱靶。

如果彻底思考我们所处的环境，我们或许会把它看成是影响我们行为的主要因素的集合，其中包括我们的家庭、工作、朋友和同事，以及我们生活的社区、我们工作的物理空间等。环境就像是一个以我们为名的没有边界的国家，提醒我们自己是谁，但是不会对我们的决策或行为产生任何影响。如果真是这样就好了。

我最关心的环境其实比刚刚提到的范围更小、更具体。它是随情况变化的，是一个高度活跃的变形体。每一次我们进入一个新环境，它的人物、事件、时间、地点、原因等细节都会发生变化，我们会屈服于新环境，把我们的目标、计划和行为习惯都置于危险之中。不断变化的环境改变了我们，这是一个简单的动态过程。

一位母亲在家的时候，会悠闲地给自己和孩子做早饭，然后送孩子上学，自己再去上班。可一旦到达办公室，去参加公司创始人主持的一场重要预算会议，她就会与在家时判若两人。其实她也没办法。在家里，她至少可以算是自己地盘上的女主人，所以会表现出高度负责的领导行为，照顾家人，要求孩子们听话，她能因此得到尊重。但办公室是完全不同的环境。她或许还像在家里一样自信能干，但不论是有意还是无意，她都会努力调整自己在办公室里的行为。她会顺从权威，会密切留意同事们的发言和肢体语言，这种状态会贯穿她的整个工作时间。从一个场合到另一个场合，随着环境的变化，她也发生了改变。这位女士的行为没有丝毫不真实。这在职场环境中是必要的生存策略，特别是当你没有权威地位的时候。即使她是公司领导，情况也不会有任何改变。

领导者也会调整他们的行为来适应环境。一家大型建筑公司的领导者曾经告诉我，作为一家防务设施承包商，不同的政府合同有不同的保密等级要求，她在向公司内不同部门发送信息时，必须保持高度谨慎。美国联邦政府曾要求她控制自己的言谈，可以在某个场合分享某些敏感信息，但是在另一个场合就不行。结果，她对环境和行为之间的联系高度警惕，因为一旦搞砸了，不但会损害公司利益，她还可能因此入狱。

作为一项练习，我让她跟踪自己所处的环境，看看在一天中她会承担多少不同的行为角色。跟踪的结果是：9种。在办公室里，她是CEO；在公关活动中，她是新闻发言人；和设计人员在一起时，她是工程师；和潜在客户交流时，她是推销员；拜访贸易组织时，她是外交官……很少有人会被强制要求如此留意自己的行为。

高管们都很聪明，他们知道在一天当中环境会随时发生变化。但在他们这个层次，有90%的场合中他们都是房间里最有权势的人，他们很容易相信自己不会受到环境的不利影响。在疯狂的错觉下，他们实际上认为自己在控制环境，而不是受制于环境。鉴于这些高管每天听到的都是阿谀奉承，也难怪他们会产生这样错误的想法。虽然不合理，但是可以理解。

例如，2008 年，我应邀到伦敦指导一位名叫纳迪姆的高管。纳迪姆生于巴基斯坦，幼年时期移民到英国，毕业于伦敦经济学院，当时是一家业内领先的消费品公司的五位最高领导者之一。纳迪姆是一颗冉冉升起的新星，拥有成为 CEO 的所有素质，他聪明、英俊、勤奋，深得下属爱戴。但他的良好声誉还是出现了一些瑕疵。于是，公司 CEO 请我来帮忙解决纳迪姆的问题。

我们都知道，有些人会让我们心烦意乱，诱发我们做出一些错误的举动。和这样的人在一起，我们会变得暴躁、易怒、好斗、粗鲁，事后又总得为我们的失常行为道歉，但是我们很少会把这些错误归因于那些人。纳迪姆也是一样。当我采访他的同事时，有一种情况被反复提及。纳迪姆是个了不起的人，但是只要他和市场总监西蒙一起参加会议或出席论坛时，他的风度就会消失得无影无踪。

我问纳迪姆他和西蒙是否有什么过节。他回答说："我认为西蒙可能是个种族主义者。"

我又问："这是你自己的猜测，还是有证据支持呢？"

"这只是我自己的看法，"他回答说，"但既然我都感觉到了，那还不是真的吗？"

我得到的反馈是，西蒙喜欢在开会时调侃纳迪姆。但这并不能表明西蒙是种族主义者。西蒙是英国特权阶级和贵族学校的产物，他自称"花花公子"，热衷于自吹自擂、挖苦他人，并通过这种挖苦来向别人炫耀自己的出身，在贬低他人的同时抬高自己。他这人不好相处，但也并非偏执的种族主义者。

纳迪姆对西蒙的行为有些反应过激。只要西蒙在开会时与他出现分歧，纳迪姆就会想起英国人和巴基斯坦人之间几十年的恩恩怨怨，他可不想让大家看到自己屈服。

纳迪姆说："如果我默认了他的鬼话，就显得我在示弱。"所以他还击了。

在纳迪姆的意识里，这是个种族歧视问题，但是只有他自己这样认为。结果，同事们都把纳迪姆当成一个言而不实人，只是在口头上鼓吹团队合作，却不肯带头示范。这让大家觉得纳迪姆是个表里不一的伪君子。

我的任务是让纳迪姆认识到：

◆ 他的行为并没有很好地为他的事业服务；
◆ 他的错误行为仅在他和西蒙夫处时出现；
◆ 是西蒙与他的摩擦诱发了这种行为；
◆ 他必须做出改变，因为他不能指望西蒙改变。

对纳迪姆来说，这件事给他的最深刻体会是，认识到自己的错误行为和环境有关，即完全是由西蒙诱发的。他把这种环境称为"西蒙环境"，每当发现自己处于"西蒙环境"时，他就会保持高度警觉。对他来说，这是一种全新的警惕层次，也是他改变行为习惯的关键。

在后文中，我们将了解到纳迪姆如何改变他的行为，最终赢回了西蒙以及其他同事的尊重。纳迪姆的这段故事令人为之侧目，也令人振奋、鼓舞，它几乎完美诠释了成年人改变行为习惯的最重要益处。

但是现在,让我们先来吸收消化纳迪姆通过艰苦努力获得的感悟:我们的环境是一台无情的诱发机器。如果我们不去塑造它、控制它,它就会塑造并控制我们,结果把我们变成一个自己都认不出的陌生人。

自律利器:反馈环与诱因矩阵

作为纳迪姆的教练,我得以采访其同事和直接下属,听取他们对纳迪姆行为的真实感受。如果仅靠纳迪姆自己,是得不到这些宝贵反馈的。

每次在对纳迪姆的同事和直接下属进行采访之前,我都需要给他们一点提醒,因为这些人的本性都是正派宽容的,他们不想伤害一个同事的感情,或者让自己显得太刻薄。有时他们还担心遭到报复,尽管我承诺隐匿他们的姓名。不过,他们最终认识到实话实说其实符合每个人的利益。

受访者几乎总是聚焦于他们看到或感受到的纳迪姆的具体行为,却很少提到这些行为发生的具体环境,我不得不努力挖掘这些信息:

- ◆ 他是在什么时间做出这些举动的?
- ◆ 当时他和谁在一起,为什么会这样做?

最终我得到了有价值的答案。受访者开始指出一些纳迪姆表现出不良行为的具体环境,比如当他"需要在最后期限前完成任务"

或者"同时应付很多事"的时候。受访者也渐渐发现，原来环境会对人的行为产生如此巨大的影响。当然，受访者很少会跨越推理，把这种洞察运用到自己身上。至少在一次与他们自己无关的采访之后不会如此。

这就是有关纳迪姆的反馈情况。他的同事们讲述了他在开会时的顽固表现，但是原因究竟为何却依然是个谜题，直到他们提到"西蒙环境"。

反馈，即做出以及得到反馈的动作，是让我们更加睿智，更加留意自身所处环境与行为之间联系的第一步。反馈让我们把自身所处的环境看成一套诱发机制。某些情况下，反馈本身就是一种诱因。例如，想想我们在某件事后得到的所有反馈，我们是如何忽视了其中一些反馈，为什么只有一部分反馈真正诱发了理想行为？

假设你以时速80公里的速度行驶在一条乡间小路上，你知道前方即将到达一个村庄，因为在距离村口不到1公里的地方有一块路标，上面写着"前方限速40"，这个路标只是一个提醒，并没有命令你减速，所以你可以继续保持当前的速度。

30秒以后，你在村口又看到一个路标："限速40"。你或许会遵从路标的指示而减速，但如果你和大多数司机一样，可能会继续保持时速80公里，或者只是稍微踩一脚刹车，因为你已经沉浸在了时速80公里的环境里，继续这样做比停止这样做更容易。只有当你看到一辆执法警车在监控车速时，你才会乖乖地把时速降到40公里，以避免交警开出的超速罚单。

在这个世界里，每个社区都不得不与给市民带来危险的超速司机打交道。多年以来，圣迭戈北部地区的司机都无视限速标志，按照那些路标，在圣迭戈高速公路上的限速是 100 公里/时，在主要商业街道是 72 公里/时，在学校和居民区附近是 48 公里/时。人们用尽一切办法也无法减少超速现象，甚至加大罚款力度也无济于事，直到小镇官方安装了雷达测速仪。

你或许曾经在家乡的学校或者收费站附近看到过它们。如果雷达测速仪显示你超速了，你可能会立即踩刹车。随着传感器技术的普及，雷达测速仪得到了更加广泛的应用，功能也更稳定可靠。雷达测速仪的出现，让人们对限速要求的遵守度提高了 30%～60%，而且其效果一直延续到司机离开雷达测速范围的几公里之外。

雷达测速仪也被称为"司机反馈系统"，它之所以能够起作用，是因为它们利用了一种被证实的行为理论，那就是反馈环①。雷达测速仪侦测司机的行动（例如超速），并把这些信息实时传递给司机，诱发司机做出反应。这是一个"行动—信息—反应"的循环。当司机做出的反应再次被侦测时，一个新的循环就开始了，反馈环如此循环不息。司机只需要扫一眼雷达测速仪，就能立即做出反应，所以不难想象，大量使用反馈环必然会给人们的行为习惯带来巨大改变。

反馈环的四个节点

一个反馈环包括四个节点：证据（Evidence）、关联（Relevance）、推论（Consequence）、行动（Action）。只要你认识到这一点，就很

---

① Feedback Loop，又称反馈回路，对方的每次反馈都是你调整行为，并让对方接受你的下一次反馈的依据。——译者注

容易理解雷达测速仪如何将反馈环的作用发挥到极致。司机能够实时获取有关他们速度的数据（证据）。这些数据引起了他们的注意，因为它和限速标志是同时出现的，指明了他们是否超速（关联）。察觉到自己超速后，司机害怕吃罚单或者伤害他人（推论）。他们就会减速（行动）。

在每次一对一的指导中，我基本上都从一个反馈环开始。例如，我和纳迪姆采取的第一步行动，是让他看到证据，也就是我汇总并与他分享的那些采访结果。那些有关自己的行为故事引起了纳迪姆的情感共鸣，因为它们都来自他所尊重的人。纳迪姆与故事之间有明确的关联。循环的第三个节点（推论）也非常明显：如果纳迪姆不改变他在"西蒙环境"中的行为，他就无法成为他人理想的合作伙伴，这有可能毁掉他的职业生涯。

这个选择并不难。只要证据、关联和推论深深嵌入了纳迪姆的思维，他就会足够清醒，自主行动去完成这个循环。他会忽略西蒙自吹自擂的方式，他会忍住与西蒙争辩的冲动，他会争取到西蒙的尊重，从而得到其他同事的尊重，提高自己的声誉。每一次对西蒙表现出一点克制，他的自信心就会更足一点，给同事们留下的印象就会更好一点。反馈环反复运作，前面的行动带动新的行动，最终推动纳迪姆不断接近他的目标。

这就是反馈最终诱发理想行为的原理。一旦我们把反馈环分解成四个节点——证据、关联、推论、行动，这个世界就会焕然一新。我们会突然明白，我们的好行为不是偶然出现的，它是有逻辑、有道理的，是有模式可循的，是有意义的，是在我们控制范围之内的，也是可重复的。正因如此，当医生告诉体重超标者他们患有糖尿病，如果不马上改变生活习惯，就有可能失明、瘫痪甚至因此送命时，这些人就能立即控制自己的饮食习惯。因为失明、瘫痪和死亡都是我们能够理解，同时又无法忽视的结果。

我不想在反馈环的理论中纠缠太久。它很复杂，几乎可以运用到任何事物上。光合作用是太阳和植物之间的一种反馈环；混合动力汽车的车主也处于一种反馈环中，他们会不停查看仪表盘上的汽油消耗量，并调整自己的驾驶方式，最大化单位行驶里程；在"冷战"时期的军备竞赛中，东西方两大阵营根据对方情况不断升级自己的武器，这或许是历史上最昂贵的反馈环。在本书中，我们只需要关注我们所处的环境和行为之间的反馈环。

诱因矩阵

作为一种诱因，我们所处的环境有创造反馈环的潜力。毕竟，它在不断提供对我们有意义的重要新信息，并最终改变了我们的行为习惯。但这种类似也到此为止。因为精心设计的反馈环能诱发理想行为，而我们所处的环境却常常诱发不良行为，它在不经意间颠覆了我们的意愿和判断。我们甚至都不知道自己被它改变了。

这给我们带来了一个明显的问题：如果我们能够控制自己所处的环境，让它像一个精心设计的反馈环一样，诱发我们的理想行为，结果会怎样？这种环境不会阻碍我们实现目标，而是会激励我们不断努力；它不会让我们在纷杂环境中变得迟钝，而是让我们变得更加敏锐；它不会禁锢我们的本性，而是启发我们的心智。

为了理解这一点，首先让我们来明确一下诱因的概念：**行为诱因是指所有影响人们行为的刺激**。在这个宽泛的定义中，有几种分类方式可以让我们更好地理解诱因对我们行为的影响。

1. 行为诱因可能是直接的，也可能是间接的

直接诱因是指直接、明显影响人们行为的刺激，在诱因事件和人们的反应之间没有中间步骤。例如，遇见一个快乐的孩子，你也会微笑；开车时看到一个跑到街上追篮球的孩子，你会立即踩刹车。间接诱因则通过迂回路线来影响行为。例如，你看到一张家庭合影，不由思绪联翩，最后给妹妹打了一通电话。

2. 诱因可能来自内部，也可能来自外部

外部诱因来自环境，影响我们的感观和思维。内部诱因来自无关任何外部刺激的想法或感觉。很多冥想的人都会控制自己的内部诱因，也就是他们所谓的"内心的声音"。类似的，当你独自思考问题时，会有一些想法莫名其妙地浮现在脑海中，这是一种激发你采取行动的内部诱因。内部诱因的产生或许很神秘，但是只要它能激发行为，就和外部诱因同样有效。

3. 诱因可能是有意的，也可能是无意的

有意诱因是可以留意到的。当你触碰到一个发烫的盘子时，你知道你的手指为什么缩回。无意诱因则在你的意识之外塑造你的行为。例如，无论人们多么频繁地讨论天气，他们总是意识不到天气

对自己情绪的影响。同样是提问"你现在有多快乐",天气好时,人们的回答要比天气不好时更乐观。但是如果继续问,大多数受访者都不认为天气对他们的快乐指数有任何影响。天气就是一种无意诱因,它改变了人们的快乐指数,而人们却没有意识到。

4. 诱因可能是可预见的,也可能是意外的

我们可以提前预料到可预见诱因。例如,在超级碗比赛开始时我们会听到赛场内奏响美国国歌,在结束时会听到喧闹的欢呼声。我们知道侮辱性语言会诱发他人的怒火,所以我们会避免这样做。意外诱因总是出乎我们预料,从而激发不寻常的行为。例如我的朋友菲尔无法预见自己会从楼梯上摔下来,而这一摔诱发他产生了强烈的改变愿望。

5. 诱因可能激励人,也可能挫退人

激励性诱因推动我们坚持或者拓展当前的行动。它们具有强化作用。对于一名筋疲力尽的马拉松运动员来说,看到终点线会激励他坚持跑下去,甚至还能加速冲刺,竞争对手从身旁超过他的时候,也会产生同样的效果。挫退性诱因促使我们停止或者放缓当前的行动。如果我们在电影院里聊天,就会有观众发出善意的"嘘"声,诱发我们意识到自己打扰了别人,然后我们就会闭上嘴。

6. 诱因可能产生积极作用,也可能产生消极作用

这是诱因最重要的特点。积极诱因能推动我们成为理想的自己。

而消极诱因却会让我们变得越发糟糕。诱因没有确定的好坏之分，关键在于我们对它做出何种反应。

例如，善于鼓励的家长可以给一个孩子留下积极印象，在另一个孩子看来却可能是"令人窒息"的。有两个以上孩子的家长们都非常了解这一点。

同样的辛勤付出和关怀照料，可能诱发一个孩子的感恩，也可能诱发另一个孩子的叛逆。同样的家长，同样的诱因，却产生了不同的反应。

为了全面理解这种现象背后的原因，我们要贴近观察诱因的最后两种分类方式——激励性诱因和挫退性诱因，以及积极诱因和消极诱因。它们反映了我们想要的事物与我们需要的事物之间的永恒冲突。

我们想要在短时间内得到满足，同时也需要长远利益，这是成年人行为习惯改变中的决定性冲突。下面，我给出了一些定义。我定义了让诱因具有激励性的事物。一个人的美餐，可能是另一个人的毒药。突然出现一碗石板街冰激凌①，可能会诱发我们产生饥饿感，并讨厌不吃甜食的晚餐同伴。

类似的，我们也定义了让诱因具有积极作用的事物。我们都宣称想得到财务保障，这是一个大众目标。但当我们得到年终奖金时，有些人会把钱存进银行，有些人却会拿去赌博，一个周末就把它们挥霍殆尽。同样的诱因，同样的目标，却产生了不同的结果。

---

① Rocky Road Ice Cream，一种夹杂了坚果、棉花糖和巧克力的冰激凌，非常美味。——译者注

我们可以用一个矩阵来描述这种冲突，激励性诱因引导我们为想要的结果努力，而积极诱因引导我们朝我们需要的事物努力。只有当我们的激励性诱因和积极诱因相一致时，才算处于理想环境中。不幸的是，我们想要的事物常常会迷惑我们，使我们忘记我们需要的事物。下面让我们通过诱因矩阵（图1.1）更细致地观察它们。

需要也想要：矩阵的右上角是我们最喜欢的区域。在这种情况下，激励性诱因和积极诱因相重合，我们想要的短期满足和我们需要的长期成就是一致的。

赞扬、认同、财富都是常见的此类诱因。它们令我们现在就努力尝试，也强化了我们为实现目标不懈坚持的行为。我们现在就想得到它们，以后也需要它们。

想要但不需要：激励性诱因和消极诱因的交集在矩阵的左上角。在这种情况下，我们会遇到一些诱惑我们、令我们分心的愉悦环境，它会让我们偏离目标。

如果你曾在应当学习，或者完成一项任务，抑或是开始睡觉的时候，却在网上看了一两季电视节目，你就应该知道，诱惑和消遣能够诱发人们做出不利于自己的选择。因为你贪图短期满足，牺牲了自己的长远目标。

如果你曾得到过上司的褒奖或者客户的宽慰，从而有借口放松一点点，你就会知道，为什么这些积极力量没有促使你前进，反而让你退步了。

需要但不想要：矩阵的右下角是一个令人头疼的大杂烩，里面都是我们明知自己需要却不想要的挫退性诱因。

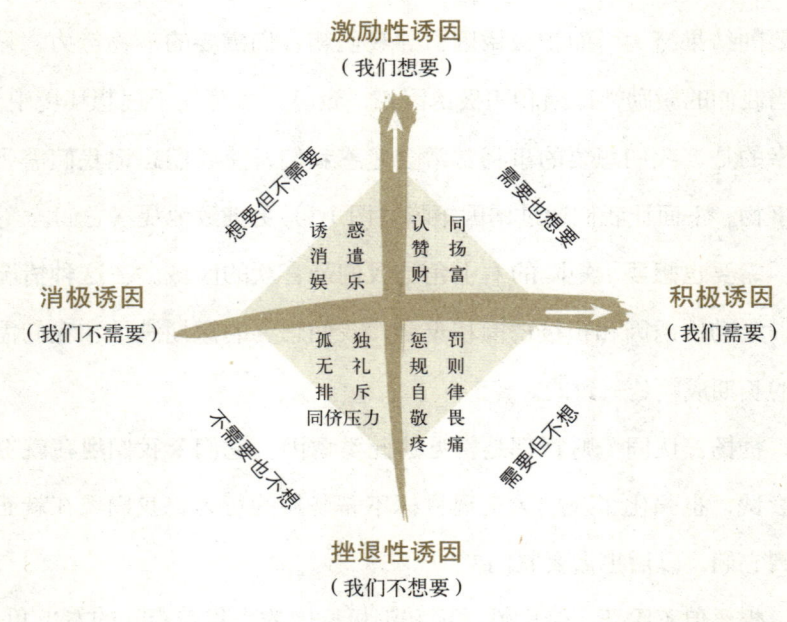

图 1.1　诱因矩阵

规则（或者任何规划性非常强的环境）都是挫退性的，因为它们会限制我们。规则的存在就是要把某些行为从我们的选项中删除，但是我们需要它们，因为遵守规则让我们正确行事。即使我们的第一冲动是朝错误的方向前进，规则也会把我们拉回正确的方向。

对羞愧、惩罚、报复、悔恨、无礼或排斥的惧怕，是一种巨大的挫退性诱因，在我们违反规则之后，常常会尝到被挫退的滋味。如果你曾被一名高级经理当众训斥，你就会知道自己永远也不想再犯同样的错误。挫退性诱因是一种有力的刺激因素，它敦促我们坚持对长期目标的正确追求。

哪怕是貌似奇怪的自律也属于挫退性诱因。当我的客户嘲讽或挖苦他人时，我罚他 20 美元，这就是一个挫退性诱因，叫做损失厌恶①，它的目的也是诱发积极行为。

疼痛当然是一种终极版挫退性诱因，因为我们会立即停止任何让我们感到疼痛的行为。

不需要也不想要：矩阵左下角里的诱因既是挫退性的，也有负面效果。这可不是个好地方，它包括所有让我们苦不堪言的绝境，我们在那些情况下简直看不到任何出路。这可能是一个有害的工作场所、或者一个暴力社区，这种环境诱发的不健康行为，会让我们距离自己的目标越来越远。邪恶的环境势必诱发疲劳、紧张、冷漠、绝望、孤独、愤怒，但奇怪的是，我们为什么还会留在这种环境里，而不是火速撤离？

图 1.1 对环境的划分既不死板，也不教条。我们的人生经历太多，而且不尽相同，一套理论可能无法涵盖所有情况。有些诱因所属的环境不止一个，或者还会发生变化，能否把我们需要的转变成我们想要的，有赖于我们对诱因的反应。

不妨想想同侪压力这种诱因的影响。一个在学业上雄心勃勃的青少年，或许会因为想考入名校的理想而遭到懒惰同学的欺骗和排斥。如果他的目标被这种压力挫退，他就会发现自己掉入了诱因矩阵中最尴尬的左下角；如果他顶住了这种压力，忍住了同学们的排斥，这种孤独会让他更加专注，更加坚决。同侪压力给了他所需要

---

① Loss Aversion，人们对损失 1 美元的痛恨往往会超过他们获得 2 美元的喜悦。——译者注

的自律。从短期来看，这可能并不愉快，但只要这样做，他就能从矩阵的左下角转移到右下角。同样的诱因和目标，却会产生截然不同的反应和结果。

我发现，在和客户交流时，这个矩阵是非常有用的分析工具。它使他们了解自己生活中的各种诱因，最起码能提高他们对环境的留心程度。更重要的是，它揭示了他们是否处在矩阵上的积极位置。成功人士希望自己能在这个矩阵的右侧，朝着自己的行为习惯目标不断前进。现在轮到你了。试一试这个最时髦的测验吧：

> 选择一个你正在追求的行为习惯目标。我们都有一些这样的目标，从减肥到做更耐心的家长，再到在急躁的人群中保持坚定和自信等；
>
> 列出影响你表现的人和环境。不要把你一天中遇到的所有诱因都列出来，只需找准一两种有关某个特定目标的诱因，然后判断它是激励性还是挫退性的，是积极的还是消极的；
>
> 把这些诱因填入矩阵，看看你在什么位置。如果你没有实现目标，这个简单的练习可以告诉你原因：你花了太多精力在你想要的事物上，对你需要的事物却投入不足。

你或许会发现，跟你最要好的同事每天都要到你的办公桌旁好几次，下班后还想要经常聚会，他就是令你分心、不能按时回家照看孩子的诱因。你需要暂时远离这位朋友。

你或许会发现，你经常忘记晨练，因为你把起床的时间浪费在查看 Facebook 或者电子邮件上。你需要前者，但很明显想要后者。你需要重新考虑，早上是不是你锻炼身体的最佳时间。

我对这个测验有两点期望：第一，让我们对某些诱因有更加深刻的洞察；第二，把它们与我们行为习惯的成败直接联系起来。

我自己也会做这个测验。例如，和我认识的大多数人一样，我觉得自己要是再减重 5 公斤，就会更加快乐。但是这么长时间以来，我也没对那多余的 5 公斤体重做什么。为什么我没能成为理想中的自己？

诱因矩阵给我提供了答案：我没有遇到任何推动我接近目标的激励性诱因。我只是向妻子丽达抱怨自己有些重，但每当我要减肥的时候，她就会用肯定的话语来给我的热情降温，她会说："你看起来很健康。"这也是鼓励性的话，可惜不是那种朝正确方向驱动我的力量。丽达并非为了安慰我故意说谎，我并没有超重，几十年来，我的衣服尺码和腰围都没变过。她又反复强调我的体重"好得很"。所以我告诉自己："丽达是对的，我为什么还要追究这谁也不会留意的 5 公斤呢？"结果我什么都没做，勉强接受了现状。

我也没有遇到任何推动我接近目标的挫退性诱因。没有人因为这多余的 5 公斤羞辱我或者惩罚我。我没有建立任何规则或惩罚机制，助推自己接近目标。在减肥这件事上，我不在矩阵的右侧，所以迟迟没能改变我的行为习惯。

随着思考的深入，我发现自己处于矩阵中令人尴尬的一侧，这是一个小教训，它时刻提醒我：只要我对某个诱因的反应会产生问题，那么这个诱因本身就是个问题。为了减重 5 公斤，我应该离开诱因矩阵的左上角，那里有我想要的，却没有我需要的。这是我的选择，我的责任。它并不能完全解决改变行为习惯的难题，却是我朝正确方向迈出的第一步。

这或许是辨别、定义我们诱因的最大回报——作为一种偶然却必要的提醒，不论遇到的境遇如何极端，只要涉及我们的行为，我们就总是有选择的。

如何为自己创造自律的环境？

触发一种行为的诱因是什么，我们的反应如何，答案并不明显。"诱因"和"行为"这两个词意味着一个连贯的序列，其中似乎没有任何犹豫、反思、选择的空间，那么真的是这样吗？我们就这么容易被诱导吗？诱因到底是怎样对我们发挥影响的？在诱因和行为之间，是否还有其他内容，如果有的话，是什么？

我在加州大学洛杉矶分校攻读博士学位的时候，有一种分析儿童不良行为的经典序列模型叫做ABC模型（如图1.2），其中包括先行事件（Antecedent）、行为（Behavior）和结果（Consequence）三要素。

先行事件是指诱发一种行为的事件，该行为又导致了结果。举一个常见的课堂案例：一个学生没做课堂作业，而是在画画。老师要求他完成作业（这个要求是先行事件），这个孩子的反应是大发脾气（行为），然后老师做出响应，把他送到了校长办公室（结果）。这件事的ABC序列就是：老师的要求导致学生发脾气，于是老师带学生去见校长。在 ABC 理论的指导下，经过几次事件之后，老师得出结论：这个孩子的行为是为了逃避课堂作业。

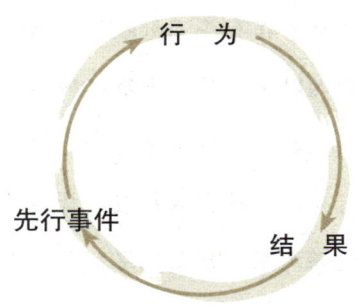

图 1.2　ABC 模型

在查尔斯·都希格（Charles Duhigg）的呕心沥血之作《习惯的力量》（*The Power of Habit*）中，他运用这种 ABC 模型来打破或养成习惯。不同于先行事件、行为和结果，他使用暗示（Cue）、惯常行为（Routine）和奖赏（Reward）来描述所谓习惯回路（Habit Loop）的三个部分。例如，抽烟就是一个习惯回路，其中包括压力（暗示）、尼古丁刺激（惯常行为），和暂时的心理慰藉（奖赏）。人们在努力戒烟的时候，体重常常会增加，这是因为他们用食物代替了惯常行为中的尼古丁。这种做法遵循了都希格的改变习惯的黄金法则：保持暗示和奖赏，改变中间的惯常行为。事实上，戒烟者完全可以用 30 个俯卧撑来替代吃东西。

都希格提供了一个简练、生动的例子，描述了行动中的习惯回路，以及我们应该如何破除坏习惯。

用"竞争反应"调整你的习惯回路

一位名叫曼迪的研究生喜欢咬指甲,经常习惯性地不停咬指甲,直到咬出血。她想要戒掉这种习惯。一位治疗师了解到,每当曼迪感到手指有些不舒服时,她就会把手指放进嘴里。在曼迪无聊的时候,就会出现这种不舒服的感觉。这就是暗示:她手指上的不舒服是由无聊引起的,咬指甲是她克服无聊的惯常行为。这种身体刺激,特别是当她快速把十个指甲挨个咬掉的满足感,就是她得到的奖赏。曼迪渴望这种奖赏,结果养成了这种习惯。

治疗师建议曼迪随身携带一张小卡片,每次她感到手指不舒服时,就在卡片上做一个记号。一周以后,曼迪向治疗师汇报说,她在卡片上做了28个记号,现在,她明白这就是她把手指送到嘴边的暗示,她已经准备好改变自己的惯常行为了。治疗师教给曼迪一种"竞争反应":遇到这种情况,就把手插在衣服口袋里或者紧握一支笔,尽一切可能阻止手指进入嘴里。

最后,曼迪学会了蹭胳膊或者用手指敲桌子以代替咬指甲给自己带来的身体上的满足。暗示和奖赏依然如故,但是惯常行为发生了改变。一个月以后,曼迪已经不再咬指甲了。她用一种好习惯代替了一种坏习惯。

我不想纠缠都希格习惯回路中的第一部分和第三部分,不论我们用什么名字称呼它们,是先行事件与结果,还是暗示与奖赏,是刺激与反应，还是目标与效果，或者诱因与结果。我想改变的是中间部分：惯常行为。都希格的习惯回路理论主张的是我们只需要留意身边的暗示，然后就能自动反应，做出恰当的举动。

对于个人习惯来说确实如此。但是在我们改变自己的人际行为（Interpersonal Behavior）时，就平添了一层叫做"他人"的复杂性。我们被诱发的反应不可能总是自动的、习惯性的、不假思索的，因为作为有感情的人类，我们必然会考虑他人对我们行为的反应。手指甲不在乎我们咬不咬它，杯中的酒不在乎我们喝不喝它，香烟不在乎我们抽不抽它。

但在生活中，人们非常在乎我们是屈服于不礼貌的第一冲动（例如粗鲁、残忍、愤怒），还是遏制这种冲动，做出更好的选择。和各种各样的人打交道，光靠习惯无法指导我们的行为。我们必须学会灵活应对，而不只是按习惯做事，因为光靠习惯的风险太高了。如果我屈服于自己对尼古丁的渴望就点上一支烟，那就会伤害我自己；如果我对孩子大发雷霆，那就会伤害我的孩子。

关于改变成年人的行为，我对先行事件、行为和结果的序列进行了修改，在其中插入了察觉（Awareness），甚至可是说是警觉（Mindfulness），这是一个非常短暂的暂停时间。我的修订版序列是这样子的：

图 1.3　修订版序列

我单列出了三个非常短暂的时刻：先是冲动，然后是察觉，然后是选择，这其中包括了从接触诱因到最终行动之间的关键过程。这些过程如此短暂，以至于我们有时候无法把它们从"行为"中分离出来。但是经验和常识告诉我们，它们是真实存在的。

在有诱因引导时，我们会产生一种以某种方式做出某种行为的冲动。正因如此，我们有些人听到身后有撞击声时会立即低头保护自己；而那些更机灵、警觉的人，在听到异常响动时不会撒腿就跑，他们会观察周围环境，看看到底发生了什么事情。

同样的诱因，不同的反应，其中一个自动而仓促（事实上就是屈服于第一冲动），另一个则经历了暂停、反思、筛选更好的选择的过程。

我们不是原始的海蛞蝓（Sea Slugs），用针一扎就会紧张地乱动。我们有脑细胞、能够思考，我们能够把任何冲动搁置片刻，然后再选择顺从它还是忽略它。我们做出的选择，并非不假思索，也不是出于习惯，而是我们运用智慧的大脑的证明。换句话说，我们投入了注意力。

例如，2007 年，我曾作为周末版《今日秀》①的嘉宾，受到主持人莱斯特·赫特（Lester Holt）的采访。在上台之前有人提醒嘉宾们说，在摄像机前时间过得很快，6 分钟就像 60 秒一样短，此言不假。我的采访很顺利。事实上，我太陶醉其中了，当我听到莱斯特感谢我前来参加节目时，竟然有点不知所措，因为这是主持人暗示节目

---

① Today show，美国全国广播公司（NBC）的一档高人气电视节目。——译者注

结束的惯常做法。我简直不敢相信,我们才刚刚开始,我还有六项内容没有说呢。莱斯特的话诱发我产生了一股冲动:"不,让我们继续吧!"事实上,这句话已经到了我的嘴边,但这是在全国性的电视台,有 400 万人在观看。

在那句傻话即将跳出我嘴边的一刹那,我暂停下来,反思这样做的后果。我真的想要告诉《今日秀》的主持人我还不想结束采访吗?我真的想要成为赖在台上不走的嘉宾吗?最后,我抓住莱斯特的暗示,也用惯常的说法回答道:"感谢你们的邀请。"

我敢肯定,所有人在节目最后几秒钟时,都会看到一位嘉宾"自动导航"般的行为。我们按照惯例与主持人相互表示感谢,手势也很程式化,既没有什么特色,也不引人注目。观众不会想到,从莱斯特·赫特的提示语言到我做出最终选择的那一瞬间,我的大脑经历了怎样的快速思考。虽然这看起来像是背台词,像是很随意或者下意识做出的反应。但事实上,哪怕是面对被感谢参加节目这样的小诱因,我也权衡了自己的选项。我有选择。

抑制你的第一冲动

只要我们留心就会发现,任何登上全国性电视节目的人都会更加警觉,这就是诱因的工作方式。我们越警觉,诱因就越难激发导致意外后果的鲁莽行动,即使在最平凡的境遇中也是如此。与其按照冲动或者习惯行事,不如放慢速度三思而后行,做出更加深思熟虑的选择。

在重大时刻,我们已经这样做了。当我们第一次与公司 CEO 开会时，我们会高度警觉，把他的每一句话、每一个手势、每一个问题都当成诱因。在他征询意见的时候，我们不会让第一个想法脱口而出。因为我们知道自己已经进入了一片雷区，迈错一步就有可能产生严重后果。我们像面对敌人的外交官一样字斟句酌。或许，我们甚至会提前准备如何应答。不论如何，我们都不会屈服于冲动。我们会思考、选择，然后做出反应。

看似矛盾的是，这些充满诱因、压力、原始冲动、高风险的重大时刻，导致灾难的潜在风险本来更大，但是它们却不难掌控。成功人士只要知道这是表演时间，他们就会做好登台表演的准备。

反而是那些不起眼的微小瞬间，诱发了我们大多数过分消极的反应。这些诱因包括咖啡店门前的减速带，第二个问你为何依然单身的表哥，遛狗不清理狗屎的邻居，进屋不摘墨镜就和你聊天的同事，提前到场的客人，在邻座大声听音乐的乘客，飞机上哭闹的婴儿，总是调侃你糗事的朋友，站在电梯左侧挡路的人，数不胜数。

这些都是生活中的琐事。它们每天都在发生，永远也不会停止。它们牵涉到的人，我们往往再也不会遇到。但是，它们却能诱发我们一些最基本的冲动。

有些人会抑制自己的冲动。或许是因为判断力，或许是因为害怕与他人对峙，但是不论出于什么原因，他们总是倾向于忽视这些诱因所带来的烦恼，进而化解这些冲动。诱因如同手枪的扳机，只要枪里没有子弹，那就没什么关系。

有些人总是难以抗拒自己的第一冲动。例如他们无论在任何场合都一定要大声说话，不受周围人的待见。这些小烦恼必然诱发他们因丰富多彩的生活而困惑，而不是把他们变成《宋飞正传》①里某个忘忧草般的人物。

更为危险的情况，是我们与家人、好友之间琐碎的诱发时刻。在他们面前，我们感觉自己可以随意说话、做事。因为他们了解我们，对我们很宽容，所以我们不必伪装自己，可以尽情表达自己的冲动。正是因为这样，在最亲密的人际关系中，我们与对方因为种种诱因冲突不断，我们怒气冲冲地朝他们大喊大叫，和他们吵架然后摔门而去，然后甚至几个月、几年、几十年都彼此不相往来，除了与亲近的人，我们与其他人之间则很少发生这种情况。

例如，你十几岁的女儿借你的车开，两小时后打电话告诉你车被偷了。她去便利店买零食的时候把车钥匙落在了车上。因为这个愚蠢的错误（忘拔钥匙），一个小概率事件（车被偷）的可能性大大增加。作为家长，你会做出怎样的反应？你的女儿没有受到伤害，她没有人身危险或法律风险，她是受害者。从最坏的角度来说，也只是你的财产受到了损失。但你的第一冲动是什么？

你可能会暴跳如雷。你可能会说出类似"我早告诉过你……"或者"你总是这样……"之类的话，传递的信息是：父母懂的最多，她没自己想得那么聪明。当然，你也可以安慰她。你可以问她："需要搭便车回家吗？"你有选择。

我这里没有标准答案。我知道，尽管这件事很简单，发生的概率也不高，和一些重大事件比起来不值一提，但它却是可能引发你

---

① *Seinfield*，20世纪90年代风靡美国十年之久的情景喜剧，展示普通人的平凡生活，其中充满逸闻趣事。——译者注

激烈反应的诱发时刻。损失已经造成，站在孩子的立场上思考也不是难事，而面对这件不幸遭遇，你的反应非常重要，你是选择让它继续破坏你们的亲子关系，还是选择从中挖掘一些好处？你是会屈服于自然冲动，表达对女儿的嘲笑或鄙视；还是会来个深呼吸，做出更明智的选择？

高级策划人 vs. 低级执行者

为什么我们成不了理想的自己？为什么我们不会去做明知道应该做的事，或者我们计划要做的事？

这是一个永恒的问题，它和亚里士多德一样古老。我自信找到了一个满意的答案，但要领会它，需要回溯到我的职业生涯初期。

20 世纪 70 年代，我在加州大学洛杉矶分校攻读博士学位，我的导师保罗·赫塞（Paul Hersey）是一位开创性的组织行为学专家。赫塞对组织行为学领域所做出的最杰出贡献，是提出了"情境领导"（Situational Leadership）的概念。他与肯·布兰佳（Ken Blanchard）共同将这个概念发展成了一套理论，布兰佳是我的朋友，也是我心中的英雄。

赫塞和布兰佳认为领导者需要调整自己的风格，来适应下属不同的"准备度"（Readiness）。准备度不但会因人而异，还会因任务而异。对于不同的任务，下属会有不同层次的动力和能力。例如，杰瑞是一位优秀的销售员，可能在拜访客户这项任务上准备度很高，但是撰写销售报告的准备度就会比较低。最高效的领导者会改变他们的领导风格，适应不同情境的需求，这便是赫塞和布兰佳所说的情境领导。赫塞和布兰佳认为，领导者应该做到以下几点：

◆ 记录下属的不同准备度；
◆ 高度配合每一种情境；
◆ 承认情境是在不断变化的；
◆ 善于调整领导风格，适应下属的准备度。

情境领导理论把领导者与下属之间的关系分为四种风格：

告知式领导风格（Directing）。适用于需要大量明确的具体指导才能完成任务的下属。领导者安排工作时会对下属说："克里斯，我想让你做这件事，你首先需要这样做，然后再这样做，并在明天下班前把它做完。"这种领导风格主要依靠单向沟通，领导者接受下属的反馈很少。

教练式领导风格（Coaching）。适用于需要较多指导和双向沟通才能完成任务的下属，他们能力不足但有积极学习的愿望。领导者安排工作时会对下属说："克里斯，我想让你做这件事。"然后征询他的意见："你有什么想法，克里斯？"

参与式领导风格（Supporting）。适用于有足够能力但缺乏独立完成任务的信心的下属。这种风格要求领导者对下属进行较多的指导。领导者安排工作时会对下属说："克里斯，任务是这样的。你觉得应该怎样完成它？我们一起来讨论讨论。有哪里需要我帮忙的？"

授权式领导风格（Delegating）。适用于动力、能力和信心都很强的下属。他们知道应该做什么、怎么做，能够自主完成任务。领导者安排工作时会对下属说："克里斯，这是我们的安排。你的工作能力很强，在这项工作中如果我能帮得上忙，你尽管开口；如果帮不上忙，那就多辛苦你了。"

这四种风格并无高下优劣之分。不存在哪种比哪种更好的问题。每一种风格都适用于特定的情景。《晴空血战史》（*Twelve O'Clock High*）这部 1953 年上映的电影几乎已经被人们遗忘，但是在商学院，它依然被视为情境领导的绝佳案例。

这些年来，我先后在课堂上组织过至少 10 000 人观看并讨论这部电影。格里高利·派克（Gregory Peck）在片中饰演第二次世界大战中的弗兰克·萨维奇将军（General Frank Savage），他把一个"倒霉的"美国轰炸机中队改造成随时处于备战状态的精英团队，在此过程中，他表现出了以上所有领导风格。

另一个比较接近的例子是电影《火爆教头草地兵》（*Hoosiers*），影片讲述的是一支印第安纳州米兰镇的高中篮球队如何赢得了 1954 年的州篮球赛冠军。吉恩·哈克曼（Gene Hackman）在片中饰演球队新教练，他表现出了严格的告知式领导风格，让他的球队重新学习基本功。后来则演变成教练式领导风格和参与式领导风格。在电影的高潮部分，他最终转变为授权式领导风格。在比赛胶着、己方获得球权的时候，哈克曼在万众瞩目之下做出了最后部署，他打算用明星球员吉米·齐特伍德（Jimmy Chitwood）作为佯攻点。球员们沉默了。

哈克曼问："有什么问题吗？"球员们想让他们的球星来投最后

一球。齐特伍德看着哈克曼，推翻了这个计划，说："让我来主攻！"教练看到，他的明星球员有担负这项任务的激情、能力和信心。当然，最后齐特伍德完成了绝杀。

高效能领导者凭直觉就可以知道团队里哪些人可以独立作战，哪些人需要更多指导；稍稍逊色的领导者会从观察、试验和犯错中懂得这些道理；而低效能领导者永远都不会明白何时以及如何转变领导风格。他们会告诉话多的下属"需要学会聆听"，奢望这一次谈话就能彻底解决问题。他们不知道教一个不会聆听的人去聆听有多难，当下属无法达到他们的要求时，他们会表现得十分惊讶。

情境领导是一套著名理论，全世界数百万领导者都曾从这套理论中获益。因为我在职业生涯早期就从赫塞和布兰佳那里学到了这套理论，所以我从骨子里相信它的正确性。这也是我选择去帮助商界领导者改善他们与同事、下属之间的关系，并以此为毕生使命的原因。

先权衡需求，再选择做事风格

但是，情境领导理论会对我们不能成为理想的自己作何解释？

我意识到，我们在试图改变行为习惯的时候，体内存在一种隐藏的"动态"（Dynamic），赫塞和布兰佳的情境领导理论对这种动态进行了完美分析。不论你称它为领导者与下属、策划人与执行者，还是经理与员工，这种动态的内核都是一样的。

在制订计划，想要成为更好的朋友、搭档、员工、运动员、父母或子女时，我们每个人身体里都有两个小人，一个是领导者（或策划人、经理),他计划改变我们的行为方式;另一个是下属(或执行者、员工),他必须执行这个计划。我们以为两个小人只是我们的不同角色,但从根本上讲他们其实是一个人,因为在一天当中,我们会不由自主地一会儿扮演这个角色,一会儿扮演另一个角色,两个角色都是我们的一部分。但是我们错了。

事实上,每一天开始的时候,我们都像是一个双面人,一面是领导者,另一面是下属。随着时间推移,这两者之间的距离会越拉越大。

回想一下你是怎样开始一天生活的。大多数人在刚睡醒的时候像是领导者,对这一天有一份完美的计划,甚至还会写下一张清单,列出所有要做的事情。每当看到这份清单的时候,你就会感到这一天充满了信心和动力。为什么不呢?你可是有计划的人,而且计划是个好东西。但是就在这一天接下来的时间里,稍不留神,你就变成了另一个角色——下属,你必须执行领导者的命令。

作为领导者,你认为理想的下属将会按照你的想法,严格执行你的每一条命令,而且不允许他有任何理由让你失望。毕竟,谁会去计划如何失败呢?但你忽视了一些可能性:你理想的下属可能会被顾客或同事激怒,或者被临时抽调去处理一件急事,或者因为开会太久耽误了时间。而你却一厢情愿,以为这一天会过得顺顺利利,每一件事都会得到落实。不仅今天是这样,每天都会如此。现在问问你自己:

◆ 我有按照自己的计划逐条完成一天工作吗?

◆ 作为领导者，我的下属有没有以我所期望的态度，在我规定的时间内精确执行了我的命令，取得了我所期待甚至超出我预期的结果呢？

这种情况十分少见，因为下属很少有表现非常突出、值得大肆赞扬的时候。所以，当你既是领导者者又是下属、既是经理又是员工的时候，为什么要抱有这种期望呢？你只不过是把命令下达给了自己，为什么就要指望自己做的每件事都非常顺利呢？

不论你是领导别人，还是领导自己这个下属，阻挡你实现目标的障碍都是一样的。你依然要应付这个敌大于友的环境，依然要面对那些想诱惑你偏离目标的人，依然要考虑小概率事件的高发生率，依然要认识到随着时间推移你的精力、动力和自律性也会衰退。

我渐渐发现，情境领导理论或许也适用于成年人自主改变行为习惯的情况。如果我们每个人体内的那个领导者在任何时候都能审时度势，采用恰当的管理风格对待下属，结果会怎样呢？

其实要实现这个目标只需要两个步骤：权衡需求，选择风格。

事实上，大多数人都在自动进行这种自我评估。在遇到重大问题时，我们的直觉都会告诉我们需要何种程度的自我管理。有些目标只需要很少甚至不需要指导和监督。我们不会把这种目标写在纸上，或者专门给它安排时间，或者让助手提醒我们做这些事。我们体内的领导者已经授权我们体内的下属做这些事了，而且认为他一定会做好。然而，在其他任务中和不同情况下，我们可能需要更有力的指导。

69

例如，我要出席女儿的婚礼，这件事对自我管理的需求程度就很低。我不大可能忘记婚礼举办的日期、时间、地点和自己应该穿什么。为了避免未知的麻烦，我不需要别人提醒我按时去教堂。这些事情太重要了，所以没什么能让我分心忘记它们。

但我在婚礼上的言谈举止就需要一些指导和监督了。我这样说是有依据的，因为在2008年我女儿凯莉的婚礼上发生了一件事情。在准备晚宴的时候，她把我拉到一边，交代我哪些话能说、哪些事能做，还告诉我要特别关照哪些人。"爸爸，你可别搞得跟上课一样。"她叮嘱我说。

我不认为凯莉的要求多么苛求。她正确评估了我当时对指导的高度需求，我也很欢迎她的指导。后来，新郎的父亲告诉我，他的老婆也对他提出了同样的要求。甚至在漫长而快乐的婚礼当天，我每过一会儿就会问问妻子丽达"我该怎么做？"，这就是我对参与式领导风格的理解。

彻底的自控，有时只需一张小卡片

我把这种情境方法（Situational Approach）教给了我的客户，告诉他们应该像管理他人一样管理自己。伦尼是我的客户之一，他将这套情境领导方法简化到了一张小卡片上。

小心过火的工作热情

伦尼为州政府的一个大范围减薪项目担任委托律师。他是一家大型律师事务所的高级合伙人，没有管理过政府部门，他们的员工和资源都是有限的。伦尼有一个习惯：总是把同样的任务同时交代给三四个人，这就给他的员工造成了不必要的困扰，因为总有两三个人的努力是多余的，但是伦尼并没有意识到这一点。

伦尼并不喜欢摆布他人。他在每天一开始的时候，也没有刻意要让下属们感到困惑。他是一个善良、正直、坚守原则的人，而且十分热衷于做好事。伦尼也意识到了自己的坏习惯，也想要控制好自己，但公司的会议环境还是诱发了他的老毛病。

伦尼正为一个项目兴奋不已，想让每个人都参与其中，但他对项目的安排却相互重叠。那天早上，他还是个打算控制自己的冷静策划人，但到了会场，他却没能成为积极主动的执行者。尽管伦尼的出发点都是好的，但他身体内的两个小人却是对立的。他自己并非能够良好执行自己计划的人。

我问自己："如果伦尼体内的策划人采用更恰当的风格去管理执行者，结果会怎样？"如果教给他更好的开会方式，能不能改变这种诱发他分裂行为的会议？

经过讨论，我和伦尼一致认为他在开会方面非常需要指导。既然在开会的时候伦尼不能保持绝对理性，那么他就需要清晰的指令。我们的解决方案是用小卡片。每次开会的时候，伦尼都把卡片放在自己面前，上面写着："不要把同一项任务安排给两个人，不要给员工带来困扰。"

这听起来似乎很简单，甚至有些老套，但是在会场气氛热烈、伦尼的意志最为脆弱的时候，在安排工作之前看看这张卡片已经足够了。就这样，伦尼体内的策划人和执行者实现了同步。

在此，我们把工作场合中的情境领导与私人场合进行类比。作为他人的领导者，伦尼为了改变自己低效能的领导行为，首先改变了自己体内的策划人与执行者的行为。他发现，不能单纯依赖自己体内的执行者对策划人的绝对服从，在某种特殊情况下（例如开会的时候）要打破这种关系。

一旦伦尼开始留意自己在会议中的坏习惯，那也就不难找到纠正它的方法了。伦尼体内的执行者所需要的全部指导与监督，只不过是一张小卡片。

现在，让我们从工作场合转移到更为私人的情境中。我用策划人代指想要改变行为习惯的那一部分自己，用执行者代指实际做出改变的那一部分自己。然而我们往往都是高级策划人、低级执行者。

◆ 一位丈夫体内的策划人全心全意想要每天24小时都对妻子好，但是因为妻子打扰了自己观看体育节目，他体内的执行者却厉声指责她；

◆ 一位女性高管计划花更多的时间陪孩子，但是因为公司加班，她体内的执行者却错过了陪女儿游泳的机会；

◆ 一个人想当个好儿子，计划每周日都给母亲打个电话，但是因为觉得一个月打一两次电话就"差不多了"，结果他体内的执行者已经连续两周没有给母亲打电话了。

我们认识多少人，遇到过多少种情况，几乎就会见识多少个用心良苦的计划和不尽如人意的执行案例。我们总是做不好自己计划的事情，这简直就像死亡和税收一样无法避免。

打乱我们计划的，并不只是环境和意外事件的骚扰，还有我们对过往经验的任性忽视。我们制订的计划与自己过往的行为截然相反。我们体内的策划人总是想设定一个截止期限，却忘了那个目光短浅、从未想过截止期限的执行者也是自己。策划人相信这次不一样，而执行者却一如既往地一拖再拖。

即使在条件非常成熟时，策划人和执行者之间的巨大反差也依然存在。

2014年春天，我在纽约四季餐厅（The Four Seasons Restaurant）宴请17位客户。第二天，我们将要开一整天的会，分享各自的个人目标。这场晚宴的主题是让他们在会前相互认识一下。在晚宴开场时，我说："我希望在座的每一个人，都要保证今晚不打断他人讲话，不对他人做任何评论。每人每次违反要求，就要当场缴纳20美元作为罚款。"我请大家对这项提议举手表决，17个人全部举手表示同意，承诺遵守规则。为了加强刺激效果，我还预言，他们每个人都会违背自己的承诺。

果不其然，才过了10分钟，我就收了400美元罚款，一张张20美元的钞票堆在桌子中间。这些钱将会捐给大自然保护协会（The Nature Conservancy），该协会的理事长也在场。一个小时之后，收到的罚款翻了一番。

期间，一位刚刚退休的CEO起身离座，去ATM机取钱。他身上的现金被罚光了，而前不久他还在执掌全球最大的公司之一。在座的客人有一半都是白手起家的亿万富翁，另一半人的名片上也都印有"总裁"或者"CEO"之类的头衔。这群人当中没有散漫懒惰者，他们都是非常优秀的人。此外，他们还拥有遵守自己承诺所需的所有条件：

- ◆ 我给他们制定了规则；
- ◆ 他们承诺要遵守规则；
- ◆ 他们只需要在餐桌上坚持3个小时，对于坚持自律的人来说，这是一段相当短的时间；
- ◆ 我们设置了经济惩罚，这会激励良好行为；
- ◆ 我曾警告他们，他们很可能会失败，强化了他们对这项规则的警觉。我希望刺激这群精英证明我是错的；
- ◆ 我要求的任务没有超出他们的能力范围。需要他们做的不过是避免发表负面评论，也就是闭嘴。

但还是有16名客人不得不掏出钱包，一次次为这件小事缴纳20美元罚款。他们没能战胜自己的环境。他们体内的执行者在容易失言的宴会气氛中表现不佳，没能坚守各自策划人几分钟前做出的承诺。唯一的例外是伦尼，我后来得知，他在举手表决后就在小卡片上写了一句"不要插嘴，不要评论"，并把卡片塞在了玻璃杯下，随时都能看到。

拳击手兼哲学家迈克·泰森曾说："事前再怎么计划也很难准确

预测对手的攻击。"在我们的生活中，不断打击我们的就是我们所处的环境。

三步预测改造习惯的微环境

住在圣迭戈，我总能轻易辨别出那些爱好航海、冲浪或高尔夫球的邻居。他们每小时都会掏出手机查看最新的天气预报。圣迭戈的天气状况几乎是全球最稳定的，但有时也不尽然。所以我的邻居们利用一切可能的工具，预判是否会有海风、海浪多高，或者天气适不适合打高尔夫球。他们不但留心环境，还找到了自己的方式来预测环境的变化。

很少有人能像狂热的航海、冲浪和高尔夫爱好者一样，把坚持每天预测环境当成一件理所当然的事情。如果我们能做到这一点，就不会如此频繁地被环境所蒙蔽。

在确认了环境对我们的强大作用之后，预测就是一件必做之事。它包括三个相互关联的步骤：预备（Anticipation）、回避（Avoidance）、调整（Adjustment）。

预备：看似友好的环境最值得警惕

成功人士不会毫不留意他们所处的环境。在我们生活中的重要时刻，当一件事的结果至关重要、不允许出差错时，我们都是"预备大师"。

当一个广告团队走进客户的会议室投标时，他们已经准备好了发言稿，研究过了客户的喜好，针对任何可能的推迟，都事先演练了机智的回答。他们能想象到大功告成之后房间里弥漫的积极情绪，所以会尽力设计好他们的标书来赢得成功。

再举一个例子，检察官从不提问自己不知道答案的问题，他们对目击证人的所有提问都是有预备的。

一位主持小镇会议的官员也是如此。由于会议内容会涉及小镇上的一些争议性问题，这位官员会预测到，某些人会带着怒气发表评论，大家交换意见时可能不够理智，甚至出现人身攻击。在白热化的会议环境中，她提醒自己要保持冷静、公正。她或许会准备一些缓和气氛的话，甚至会请一位警察到现场维持秩序。

类似的，一个年轻人在向女友求婚之前也是如此。如果他遵从传统风俗，那么求婚就是一件需要周密准备的事情，从场地的选择，到提出请求的时机，都是为了引出心上人一句甜蜜的"Yes"。而到了婚礼上，新娘的期待更迫切，新郎的预备要更充分。

当我们的表现能马上带来清晰结果时，我们就会挺身而出创造环境，而不是让环境改造我们。 问题在于，在生活中，我们遇到的大部分都是微不足道的小时刻，这时候我们不会思考环境和自己的行为，因为我们没有把这种情况和任何重要结果联系起来。而讽刺的是，那些看似友好的环境，却是最值得我们警惕的环境。如果我们不对环境做预备，什么情况都有可能发生。

如果你曾对亲人或者同事做出看似无心的草率评论，结果双方因此产生矛盾或发生争吵，不可挽回地伤害了对方的感情，你就一定会理解我的意思。

有一次，我以为在晚饭时介绍两个客户彼此认识会有好处。埃德加毕业于常春藤盟校，是纽约一家自由派智库公司的主席。他有一半时间都在向富有的捐赠者募捐，拥有娴熟的交际能力。迈克是俄克拉荷马州一家能源公司的领导者，热爱社交，为人风格比较洒脱。我以为他们的不同背景可以促成一次有趣的聚会。他们可以帮彼此开阔思维，并因此感激我。

结果证明我错了。根据我的经验，聪明的人在首次见面找不到合适话题的时候，往往会聊起政治。如果他们的政治立场相同，就会愉快地达成共识，批评其他党派有多么糟糕。如果他们分属对立的两派，就会试图阐明各自的立场，企图说服对方。在那天的聚会上，第二种情况发生了。

不要企图靠希望战胜经验

埃德加是个疯狂的自由派人士，而迈克作为石油商人，是顽固的保守派。两人的见面一开始非常顺利，但是在友好交流了有关工作、家庭、度假计划之后，他们没聊体育，直接聊起了时事。

这时，似乎有人给他们递上了一份热点问题清单，从边境安全到能源政策，从枪支管制到大麻合法化，从平权法案到政府开支，两个人都徒劳地想改变对方的观点。他们花了30分钟辩论二手烟的问题，虽然两个人都不是这方面的专家，甚至也都不在乎这个问题。那天晚上，两个固执己见的男人极力展示他们的求胜欲，我则是个痛苦的观众。

这是我的错，与埃德加和迈克无关。就像英国作家塞缪尔·约翰逊（Samuel Johnson）评论一位结束一段不幸婚姻之后迅速再婚的鳏夫一样，我是"希望战胜了经验"。

我本应更了解他们才对。我知道他们的政治分歧，却还把他们拉到一张餐桌前，而且没找其他任何人作缓冲。事后回想起来，我坚信他们在办公环境下的表现会有所不同，因为他们都是热忱且专业的人。但是，我犯的大错就是没有预想到他们在餐厅这个非工作环境中的行为，这两个人都认为自己已经下班了，可以随便聊任何事，不会对业务产生影响。如果我能事先做好预备，事情就不会这样。

回避：你无须接受太多挑战

管理大师彼得·德鲁克有一句名言："我见过的领导者们有一半人不需要学习怎样做事，他们只需要学习怎样停下来。"

很多时候，我们面对一个环境的最明智抉择就是回避它。

◆ 如果我们晚上很晚才回家，就不会选择经过犯罪率较高的街区；
◆ 如果我们已经戒酒了，就不会去逛酒吧；
◆ 如果我们的肤色较浅，容易被太阳晒伤，就会尽量避免去海边玩；
◆ 如果我们讨厌某位邻居，就会礼貌地推掉他的邀请。

一般来说，我们都很善于回避那些会给自己的身体或情感带来风险的环境，也会回避那些自己讨厌的环境。然而，我们很少能抗拒一个令人愉悦的环境，更有可能留在这种环境中享受快乐，而不会主动放弃或回避它。我们这样做的部分原因是惯性，因为停止做一件快乐的事情需要强大的意志力。

但是更重要的原因在于我们对环境和诱惑之间的关系的根本性误解。诱惑是在任何令人愉悦的环境中都会露面的邪恶朋友，它催促我们放松，做出各种尝试，然后多在这种环境里待一会儿。诱惑能腐蚀我们正确的价值观，以及我们的健康、人际关系和职业生涯。因为我们狂妄地认为自己能够掌控环境，我们选择迎接诱惑，而不是走为上策。我们总是想测试自己对诱惑的抵抗力，在失败之后又要应付随之而来的打击和苦恼。

有时候，这种诱惑只不过是多吃一块芝士蛋糕这样的小事，有时候却是重大挑战，比如在明知不能按期交付的时候，急于签下一笔难以抗拒的订单。

在那些事业有成的管理者和领导者身上，我总能看到这种思维。他们喜欢挑战，并且把战胜诱惑作为给自己的奖赏。回避诱惑算不上什么成就，那只能证明一个人消极的处事态度，这与他们强烈的进取欲望严重不符。抑制这种总想冲锋却不考虑选择性回避的冲动，是我的主要工作之一。我私下里将这种态度称为"戏剧性的错误"，指我们接受了太多挑战，故意给生活添油加醋，好像我们的生活就是一场电影，剧本中的我们总能战胜看似难以克服的困难，所以根本不需要回避它们。这在体育和娱乐活动中是可以的，比如参加铁人三项，但是如果我们用这种态度去面对工作和生活的方方面面，就会带来太多不必要的风险。

有时候更勇敢的行为不是大声说出："我必将渡过难关。"高尔夫球手们相信，一场平淡无奇的比赛就是一场伟大的比赛。面对一个四杆洞，你第一杆把球打上球道，第二杆把球打到洞口附近，第三杆打出小鸟球（Birdie），或者用两杆推杆打出一个帕（Par）。然后走向下一个球梯，重复之前的过程。连续这样打完18洞，你就将打破个人最佳纪录乃至球场最佳纪录。如果可以选择，高尔夫球手宁愿选择这种简单枯燥的打法，而不愿意每场都打得惊心动魄。

领导者身上最常见的行为问题之一就是，在应该克制的时候屈服于权力的诱惑。

回家也当 CEO 吗？

我有一位名叫斯坦的长期客户，他的案例有些不同寻常。斯坦曾创建并出售了自己的公司，也曾执掌《财富》世界50强的大企业。70岁退休之后，他为少数几家董事会服务，偶尔提供咨询，还捐出了一半财产，通过一家基金会支持医学研究，偿了自己的夙愿。他让妻子担任基金会的管理者，让两个成年的女儿当妻子的助理。

斯坦打电话给我，邀请我到康涅狄格州列席一场他的家庭会议。会议开始没几分钟，我就发现了问题。斯坦的家庭忽视了他的存在。他朝妻子发号施令，但妻子却绵里藏针地回应说："我是你的妻子，也是基金会的管理者，请不要把我和你那些手下混为一谈。"这样来回交锋几次之后，斯坦依然没有领会妻子的意思。他转头又对两个女儿下命令，她们一个是律师，一个是医生。不出所料，两个女儿的回答是："老妈才是我们的领导。"

斯坦这已经不是头一次在家里受挫了。他邀请我来，就是想让我帮忙，让他的妻子和女儿听他的话。

我告诉斯坦："这是做不到的。"

他说："可基金会是我出钱建的，她们不能把我排除在外。"

"你说的没错，"我点头说道，"但这是两码事。你把自己在职场上的 CEO 地位与家里的权威混为一谈了，可你的家人显然不这么看。你安排她们负责基金会，那这就是她们的职责，你不能强加干预。你所能做的就是接受这一点，在公司里你说了算，在家却不是。"

我很快发现，这是一个"环境性问题"。在家里而不是基金会办公室召开这种会议，会混淆情境：这到底算是工作问题还是家庭问题？斯坦在应该做一个更加包容的丈夫和父亲时，表现得却像个霸道总裁。我知道斯坦一向人缘很好，到哪里都很擅长理解环境，但是和家人在一起时，他却没有意识到自己的行为违背了自己的最佳利益。

我问他："你在要精神上付出多少代价才能摆脱这种状况？"

"办基金会可是我的主意。"斯坦说。他依然坚持认为自己拥有基金会的所有权。

"斯坦，你的家人反对的是你的行为，而不是你这个人，"我说，"除非你改变行为，直到她们能接受为止，不然你们怎么才能变回原来的你们？你最好还是回避基金会的事。"斯坦踌躇了几分钟，才同意把回避当成一种解决方案。我解释说："这样做，最差的效果也能立即停止家庭纷争；而最好的结果可能是你的妻子和女儿以后会来找你咨询基金会的事宜。但前提是你必须置身事外。"

我一般不会把政客作为榜样，但他们确实是善于回避的大师。不像我那些成就非凡的客户（他们不能预测引发错误的情况，是因为他们既不习惯犯错误，也不愿意承认出错的可能性），政治家时刻都在提防能毁掉自己政治生涯的过失。所以他们针对任何可能诱发过失的环境，都制定了完美的应对方案。当他们在新闻发布会上拒绝回答令人左右为难的问题时，他们就是在回避；当他们不和偏激的社会名流出现在同一个房间时，他们也是在回避；当他们在有争议的投票中选择弃权时，他们还是在回避。

政客能有这种直觉，为什么我们不能呢？

这是一个简单的推论：**为了避免做出我们不希望做出的行为，就要回避最容易诱发这些行为的环境**。如果你不想冲一个惹你生气的同事发火，那就避免看到他；如果你不想大半夜吃东西，那就不要去开厨房里的冰箱。

调整：当你极度渴望改变时

当然，生活中有很多环境是无法避免的。哪怕是要做我们害怕的事情（比如当众发言）、可能惹我们生气的事情（比如拜访姻亲），或者把我们变成混蛋的事情（比如和我们看不起的人谈业务），我们也不得不置身其中。

有时我们很幸运，因为我们所做出的调整得到了预想中的结果，但这只有当我们预见到环境的影响，并且排除了回避的选项之后才会发生。

调整不会经常发生。大多数人会不加抑制地继续错误的做法。尽管我们一次又一次地被困在同一个行为陷阱中，却依然取得了成功，但是这并非我们成功的原因。只有当我们极度渴望改变，或者有意想不到的洞察力，抑或是受到了他人（例如朋友或教练）的指点时，我们才会进行调整。

我在硅谷遇到的一位名叫莎琪的技术主管就是这样的。莎琪生于印度一个贫穷的村庄。她在父母的鼎力支持下勤奋学习，成为著名的印度理工学院为数不多的女学生之一。在硅谷工作几年之后，她又从斯坦福大学获得了MBA学位。30岁的时候，她已经是一家顶级软件公司的高管。

莎琪向我讲述了她的返乡之旅。她和七位老朋友共进晚餐。一位朋友问了她一个看似多管闲事的问题："你上礼拜都做了些什么？"

莎琪与大家分享了一周的刺激经历。她飞到巴黎开会，会见了几位业界大佬；她当时正在领导一款新产品的研发；公司CEO前不久告诉她，她已经被纳入公司的高潜力领导者项目。她在那里激动地夸夸其谈。

晚饭后，大家纷纷告别，只有莎琪最要好的儿时伙伴兰基尼留了下来。兰基尼没有取得莎琪那样的成功，但是也在印度一家大公司里稳步提升。至于晚宴上的其他人，事业成就更不值一提。

当莎琪谈到自己多么喜欢这次重逢时，兰基尼打断她说："你觉得大家都想听你谈巴黎、新产品和 CEO 吗？你什么时候变得这么爱炫耀了？"

莎琪顿时感觉被击垮了，但她还是为自己辩护说："他们问的是我上周做了什么，而我也只是一五一十地把我做的事情告诉了他们而已啊。"

那天晚上，莎琪一直无法入睡，她意识到自己完全误判了当时的场合。她不是在和一群硅谷才俊对话，而是在和一些穷人聊天，这些人和她一起长大，却从未取得像她那样的成就。在她的意识里，她是在分享自己的生活；但是在对方看来，她却是在大肆吹嘘。

她责备自己没有预见到这一点，表现得如此麻木不仁，但是她从错误中汲取了教训。她意识到，一个简单问题诱发的简单回应，在一个环境里是恰当的，在另一个环境里可能就是完全错误的。

在莎琪第二次返乡的时候，当她遇到一群村民问起她的工作时，她说："大部分都是技术活。出差很多，而且比较累。"然后，她展现出强大的魅力，开始关心村民们的生活。

莎琪的做法，是每个高度留心身边环境的人都会做的。她在调整自己的行为。

设计你的改变之轮：创造、保留、清除、接受

现在，让我们回顾一下前文提到的要点。

我提出了一个观点，对于成年人来说，最艰难的任务莫过于改变自己的行为习惯。我们天生擅长找各种理由避免改变。我们会编

造借口，合理化我们的行为，习惯思维会诱发各种形式的抗拒和抵制。结果，我们总是无法成为理想的自己。

拒绝改变的最典型案例之一，就是我们与所处环境之间的关系。我们固执地忽视环境对行为习惯的巨大影响。事实上，环境是一套冷酷的诱发机制，可以立即把我们从圣人变为罪人，从乐观者变为悲观者，从模范市民变成混蛋，并让我们忘记理想中的自己。

好消息是，环境并非藏在黑暗角落里的阴谋。它是公开的，一直都在向我们提供反馈。但我们常常分心，不去聆听环境告诉我们的信息。只要我们加以注意，那些塑造我们行为的看似隐蔽的诱因其实是显而易见的。

坏消息是，当我们从一种环境转移到另一种环境中时，很难继续保持警惕。环境每时每刻都在变化，而我们却没有随心所欲掌控每种环境的能力或动力。我们陷入了困境，每进一步之后可能会退后两步。

雪上加霜的是，我们对环境的反应还会分裂为两个相互独立的角色，即策划人和执行者。策划人在清晨醒来时，对这一天有清晰的计划，但随后执行这些计划的却不是同一个人。采取预测、回避和调整危险环境等基础方法，是纠正我们体内策划人和执行者之间冲突的一个好开端。但是它们只是应对眼前挑战的权宜之计，并不能永远改变我们的行为习惯。

既然我已经阐述了人们在改变行为习惯时的脆弱心理，认为在与环境之间的战争中，我们是不幸的失败者，你或许会理所当然地问我："那我们什么时候才能得到制胜的法宝，掌握一些有意义的做法呢？"

不要着急。要搞清楚一个问题,你不仅必须承认这个问题的存在,还必须知道自己在面对问题时有哪些选择。事实上在改变行为习惯这件事上,我们是有选择的。

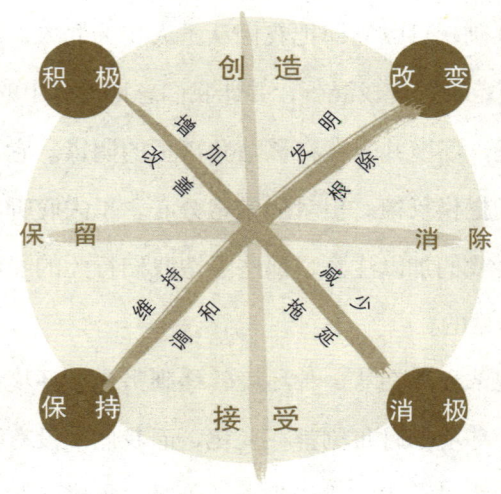

图 1.3 改变之轮

多年前我就已经开始和客户应用这个图形工具（图 1.3）了。它描述了我们为了成为理想的自己,需要厘清的两个维度:"积极—消极"轴,表示了帮助我们或者阻碍我们的因素;"改变—保持"轴,表示了我们决定在将来改变或者保持现状的因素。因此,在追求任何行为习惯的改变时,我们都有四个选项:

◆ 创造代表了我们想要在将来创造的积极因素;
◆ 保留代表了我们想要在将来保持的积极因素;

- 消除代表了我们想要在将来消除的消极因素；
- 接受代表了我们需要在将来保持的消极因素。

这就是我们的选择。它们当中有的更有活力、更加迷人、更加有趣，但都是同等重要的。而且其中有三种选择需要付出的努力，比我们想象的更多。

1. 创造：行为习惯改变中最迷人的

创造是行为习惯改变中最迷人的一项。当我们想象自己的行为习惯变得更好时，会把它看作一个激动人心的自我创造过程。我们是在创造一个"新我"。它是如此吸引人、诱惑人：因为我们可以选择成为任何人。

其中的挑战在于我们需要亲自选择，然后再行动，而不只是作壁上观。问问自己："我到底是在创造自己，还是在浪费机会、让外界力量塑造我？"

即使是最聪明的人，也不会自然而然地成功创造"新我"。我曾和欧洲一家大型企业的 CEO 合作，当时他还有六个月就要被强制退休，我问他："你退休后要去做什么？"

"我也不知道。"他回答。我经常听到这种说法，本不应该感到惊讶，但我还是吃了一惊。这是我多次召集我的高管客户们到我家讨论"你的余生要做什么"的一个主要原因。他们没有思考这件事，没有进入创造模式。

我又问："如果你知道公司将会在 6 个月里发生彻底改变，将来会有新的客户、新的定位，你会不会为此做计划？"

"当然，"他说，"如果不这样做，就是不负责任。"

"那么你的工作和生活哪个更重要？"

这是一个反问句。我是在提醒他，如果拿掉他管理6万名员工的CEO身份，他将很容易受到无聊、厌烦、沮丧、抑郁等情绪的困扰。一些即将退休的高管并没有为自己的退休生活做好准备，他们没有想过如果不给自己的生活重新定位，那也是不负责任的。

我没有告诉那位大型企业的CEO任何他以前不知道的事情。他已经在职场中稳居高位多年，见过很多同僚在退休后陷入了停滞和迷茫，但他没有把这种感受放到自己身上，结果就犯了和其他人一样的错误。只要满足于现在的生活，不奢求超过我们疯狂预期的幸福和快乐，我们就会屈服于惯性，沿着过去的行为习惯继续下去。

如果我们不满足，也许会走向另一个极端：醉心于每一个想法，却不能坚持去实践任何一个，真正塑造一个全新的自我。如果你知道有些人不断从一种流行减肥法转向另一种流行减肥法，结果永远也减不成功，你就会明白他们只是在跟风，不是在创造。

正如图1.3所示，从增加到发明都属于创造。对于已经成功的人来说，增加一种新的行为习惯往往就够了。在我的一对一指导中，从来都不需要帮助哪位高管彻底检查他的性格。成功领导者的行为不会方方面面都有问题（那样的话，他们早就被炒鱿鱼了），但是他们常常会在一两个领域出现行为问题，结果给人们造成了一种错觉，以为他们在所有事情上都会出问题。

我们总有机会创造更好的行为习惯：怎样接人待物，怎样应对环境，允许什么诱发我们的下一个动作。我们所需要的，只是大胆地想象一个全新的自我。

2. 保留：不断进步 ≠ 持续改变

保留听起来消极而平凡，但它确实也是一种选择。它需要全心反省，识别出哪些行为习惯对我们有益，然后坚守纪律，避免因为某些不见得更好的新鲜做法抛弃就有习惯们。

我们保留的不够多。从定义上来说，成功人士做了很多正确的事情，所以他们有很多值得保留的行为习惯。但他们还有一种冲动，即把不断进步等同于持续改变。当他们面临保持优秀与变得更好的选择时，往往会选择后者。

以其隐秘的方式，保留也可以产生转变。我的朋友（也是我心目中的英雄之一）弗朗西斯·赫塞尔本（Frances Hesselbein）曾被《财富》杂志评为"美国最佳非营利组织经理人"，自从 1976 年担任美国女童军组织①的 CEO 以后，她的任务就是转变这个会员数量不断减少的保守组织。在这个组织中，平均每位拿工资的员工需要 120 名志愿者的支持，人们认为它的精神已经过时了，不再适合年轻女孩了。在这种情况下，推倒一切彻底重来的冲动是可以理解的。但赫塞尔本早年曾在宾夕法尼亚家乡的女童军 17 连担任志愿者，她知道这个组织有很多值得保留的精神，这不仅包括它上门推销饼干的暗号，更包括它作为年轻女性道德指南的社会认同。

---

① Girl Scouts of the USA，目前美国最大的女童军组织，其成员为生活在美国和出国在外的美国女孩。——译者注

赫塞尔本告诉员工和志愿者们，鉴于现在毒品和早孕的新威胁，主动联系女孩们比以往任何时候都更加重要。她把自己这种糅合传统与改革的激进组合称为"传统与未来"。在赫塞尔本担任 CEO 的那些年里，美国女童军组织的会员数量翻了两倍，多元化程度是之前的三倍。

曾有一位政治家告诉我："我所做出的最吃力不讨好的决定，就是一些防微杜渐的举动，因为我永远也无法证明，我是否真的阻止了某些糟糕的事情发生。"保留也是这样。我们很难因为没有搞砸某件事而赢得信任和嘉奖。只有事后分析，才能看出这一选择的高明之处，而且只有当事人才分析得出来。

我们很少问自己："我的生活中有什么习惯值得保留？"然而这个问题的答案却可以节省我们大量时间和精力。毕竟，保留一种宝贵的行为习惯，就意味着我们可以少做一些错误的改变。

3. 消除：给创造腾出空间

消除是最能释放我们自己，也最具疗效的行动，但我们也不愿意这样做。就像打扫阁楼或车库，我们永远不知道扔掉某些东西以后会不会后悔，或许我们将来用得着它，或许它是我们取得成功的证明，或许只是因为我们太喜欢它了。

在我的职业生涯中，最重要的一次转折就是一次消除行为：我辞掉了不理想的工作。

我当时已经快 40 岁了，工作做得也不错，在全国飞来飞去，给各大公司讲授同样的组织行为学课程。继续保持这种状态对我也有利,但我的导师保罗·赫塞指出了这份工作的另一面,深深启发了我。

"你很擅长现在的工作,"赫塞对我说,"你把自己的时间卖给那些公司,赚了太多钱。"

当有人告诉我"你很擅长……"时,我便会侧耳倾听,享受这种褒奖。但赫塞没有给我这种感觉。

"你没有为自己的未来投资,"他说,"你没有研究、没有写作,没有找到新东西来讲。你可以继续这样做很长时间,但是这样的话,你永远也成不了理想的自己。"

因为某些原因,他的最后一句话诱发了我强烈的情绪反应。我非常尊敬赫塞,我知道他说得对。用德鲁克的话来说,我是"牺牲明天换今天"。我可以看到我的未来,那里有一些漆黑的空洞。我终日忙碌,无暇维持一份惬意的生活。从某种角度来说,我变得无聊苦闷、厌倦生活,但是在这场人生游戏中,我要想弥补这份缺憾或许已经太晚。除非我消除一些忙碌的工作,否则我永远无法给自己创造一些新东西。

尽管辞职之后收入快速减少,但是在那段时间,我不再终日劳碌,并下定决心走出一条不一样的新路。我对赫塞的建议感激不已。

我们都曾消除过那些伤害我们的东西,在有快速、明确的益处时尤其如此。我们会摆脱一个伤害我们的不靠谱的朋友;我们会停止饮用咖啡,因为它让我们心情烦躁;我们会辞掉一份极其单调、破坏生活的工作;我们会抛弃可能致命的不良习惯。只有当后果极度危险时,我们才会大刀阔斧地消除一些行为。

真正的考验在于,我们还需要消除一些自己喜欢做的事情,这叫做微观管理。那些事情表面上对我们的职业生涯无害，甚至会让我们相信它们是有利于我们的（或者还包括其他人）。在这些情况下，我们或许会问自己："我应该消除什么？"然后发现根本找不到答案。

4. 接受：当你缺乏改变的能量时

在管理一个组织时，CEO 们往往能非常清晰地看到改变之轮中四分之三的因素。创造是革新，是冒险尝试，比如在公司里打造新的利润中心；保留是不要丧失对核心业务的关注；消除是关闭或出售不合适的业务。

然而"接受"则是改变这个大鸟笼中的稀有鸟类。成功人士不愿意接受任何失败，总是把接受等同于妥协。我曾列席一位 CEO 与其部门主管的预算会议。那是一家能源公司，受变幻莫测的政治和社会潮流影响很大。五年来，社会潮流都不利于该公司的多项业务。公司的营收增长陷入困境，导致预算被削减，结果营收进一步恶化，这种策略永远都不会有好结果，他们的整体盈利目标也受到了冲击。

连续这样衰退到第六年，这些部门主管再次做出了乐观的规划，认为他们能够通过削减更多开支来维持盈利。最终，这位 CEO 再也受不了了。他轻蔑地把那些报告甩到会议桌中间，说："散会。下周再开会时，我希望你们每个人拿出一个新计划，记住，如果哪项业务再没有好转，那就让它永远消失。我希望你们的新计划能够顾及当前的形势。"会议室里的每个人看到的都是同样的数据，但是只有这位 CEO 冷静清晰地阅读并接受了它们。

在商界，我们有很多指标，比如说市场份额、质量评分、客户反馈等，它们都有助于我们接受可怕的形势，或者接受改变的需要。但我们却一厢情愿地相信一定会得到最好结果，而不是从实际出发思考问题。

在人际关系中，这种一厢情愿的情况更加严重。我们不是依靠客观因素来做出判断，而是转而依靠印象。我们只接受自己能想要听的好消息，却屏蔽需要听的坏消息。如果直属上司对我们的表现做出六条尖锐评价，其中一条是正面的，五条是负面的，我们的耳朵会自动赋予那条正面评价更高的重视程度。接受好消息总比接受坏消息容易。

有些人甚至连恭维也接受不了。你是否有过这样的经历，你说一位朋友的衣服很漂亮，她却一句话顶回来："是吗？我都好几年没穿过这衣服了。"这时候，她正确的回答应该是"谢谢"，这样才不会冒犯你的评价和善意。当我们缺乏改变的能量时，接受便是最宝贵的行为。然而，徒劳无功是我们最不愿意接受的情况，这是最容易诱发我们消极行为的时刻。

◆ 如果我们精心设计的逻辑没能说服同事或配偶认同我们的立场，我们就冲他们大喊大叫，或者威胁他们，或者贬低他们（好像这样就能从气势上压倒对方），而不是接受现实，认识到通情达理的人也可能与他人产生分歧；

◆ 如果配偶因为一些家庭琐事责怪我们（例如没有关冰箱门、接孩子迟到了、忘记买牛奶），我们100%会感到内疚，同时却又回想起了对方过去犯的某个错误。我们令人作呕地扩大这种无意义的争吵，而不是说："你说得对，对不起。"

◆ 如果直接上司拒绝了我们的提议，我们会向下属抱怨领导是多么鼠目寸光。

如果认真反思这些事，我敢打赌，我们这种不肯接受的态度所诱发的行为，绝对比我们错误的创造、保留和消除行为加起来的结果还要糟糕。

设计你的改变之轮

我在与合作团队共同致力于行为习惯改变时，改变之轮是我首先运用的练习之一。一支有4位、6位，甚至12位主管的团队，有太多不同的声音，把人们的思维聚焦在一个简单的概念上以减少争论至关重要。"我们需要消除什么？"比"哪里出问题了？"更容易令人接受。一种方式是要求人们想象这种行动的积极效果（哪怕是消除），另一种方式却会诱发牢骚与抱怨。

当我的客户艾丽西亚被提升为一家拥有八种不同业务、超过10万名员工的投资公司的人力资源主管时，上级明确要求她必须提高该部门在公司的地位。在很多公司里，人力资源部门只有单纯的管理职责，只能去更新员工手册，很少影响公司的发展战略。但艾丽西亚所在公司的CEO知道，公司员工如此之多，人力资源主管所做出的决定，既可能强化组织，也可能破坏组织。他告诉艾丽西亚，他在决策圈给她准备了？"一席之地"，她的地位和销售主管以及运营主管同等重要，希望她不要浪费这个机会。

在艾丽西亚及其团队围绕这"一席之地"设计他们的新战略时，我和他们在一起待了整整两天。艾丽西亚使用改变之轮作为模板，告诉整个团队，他们只需要做四种决定：选择一件事去创造、保留、消除或接受。以下就是他们的讨论结果：

创造：为了确保公司有更聪明的员工队伍，特别是在他们的高科技投资组合业务中，该团队聚焦于提高招聘标准。新战略的中心，是从著名企业和顶级大学中招聘更多人才。

保留：该团队花了将近一整天时间讨论这一项。对于这个很难回答的问题，每个人都有不同的答案。他们最终落脚于企业文化。该部门向来有团结的氛围，每个人都可以畅所欲言，几乎没有任何明争暗斗。不用刻意要求，大家就会积极工作。大家说："不论我们做什么，都不要丧失这种感觉。"这个时刻是感人的。在该团队做出这个选择之前，我并没有想到他们如此看重自己创造的这种独特的和谐环境。

消除：这是艾丽西亚的建议。如果他们要花更多时间促进公司发展、赶赴各个大学和招聘会，那就意味着他们的领导团队办公时间会变少。她告诉大家："如果我们继续忙于日常管理，就无法承担更多战略任务。"他们同意把更多"旧工作"授权给下属。他们甚至制订了具体的量化目标：每个团队成员花在文书工作上的时间要减少30%。

接受：改善公司的员工队伍不可能一蹴而就，甚至一两年时间都不够。他们要打一场持久战。而且即使他们做得很好，也不敢保证他们能得到满意的效果。业务管理人员会把所有成绩都揽入怀中。但艾莉西亚和下属们最终理智接受了这两点：花多长时间来改变，由谁享受最后的胜利光环。

这就是改变之轮的简洁之美。如果我们坦率指出自己能够改变什么、不能改变什么、应当舍弃什么、应当保持什么，大胆挑战自我，往往会为其答案的大胆简洁而感到惊讶。

对于个体来说，改变之轮也同样有效。哪怕是在一个黑暗安静的房间里独处，专心致志地思考未来，我们依然会因自己头脑里嘟嘟囔囔或者大喊大叫的杂音而分心。思考更远大的问题时，我们希望能排除杂音、忽略琐事的干扰。但只要它们是真实存在的，就没有什么对错可分。我想起一位名叫史蒂夫的客户，他在曼哈顿的一家公司任职财务主管，但是住在哈德逊河另一侧的新泽西州，他是这样设计自己的改变之轮的：

创造：更短的上下班通勤路程；

保留：美好的家庭生活；

消除：当前的通勤路线；

接受：以后难以继续提高的高尔夫球水平。

通勤、家庭，还是高尔夫球？我从未听说过这样的组合。我开始误以为史蒂夫太草率，尽管他确实面临通勤问题，但随着我们讨论的深入，这个答案作为他行为的诱因，显现出了它的严密性和完整性。

确实，史蒂夫痛恨每天花三个小时从新泽西到曼哈顿上班。这吞噬了他太多时间，他本可以利用这段时间多陪陪妻子和三个孩子。热爱高尔夫球是他选择住在郊区的一个原因，因为那里有球场，但是他的答案揭示了通勤、家庭和高尔夫球之间优先级的此消彼长，这三者之间的关系比我最初想象的要紧密得多。

承认高尔夫在他的生活中没那么重要，并且接受这一点，意味着他没理由继续住在郊区。他可以轻松搬回曼哈顿，在那里他可以走路上下班，从而大大减少通勤时间，消除他的苦恼，不仅能够保留，还能增加他与家人相处的时间。所以他卖掉了新泽西的大房子，搬到了一个离办公室只有十分钟路程的地方，大多数时间都能按时下班回家吃晚饭。在工作中，他依然有需要解决的行为问题，但是他生活中最头疼的问题已经解决了。

当我们扪心自问，自己需要创造、保留、消除、接受哪些行为时，美好的事情就会发生。但是我怀疑很少有人真正这样做过。发现什么真正重要是一份礼物，而不是负担。坦然接受它则体现了一个人的勇气和睿智。

在检查我们为什么没有成为理想的自己时，我意识到，我浏览了一份消极选项清单，清单上的项目让我们思想僵化、抗拒任何改变。没错，在我们解释自己为什么没有做某些事情时，消极因素是避不开的。但我们还有希望。纳迪姆通过改变他在公共场合的行为，化解了一个假想敌；伦尼通过随身携带一张小卡片，变成了更好的经理人；斯坦通过回避家庭会议，减少了家庭纠纷。

这些行为习惯的改变，不是一夜之间突然发生的。纳迪姆花了

18个月才得到同事们的认可;伦尼现在开会时依然要带张卡片提醒自己;斯坦抱怨了好几个月"他自己"的基金会不让他插手,才终于坦然接受家里的新局面。

诚然,他们都有我这个外部力量的帮助,来指出环境对他们行为习惯的不良影响。但这种能够揭示我们行为方式原因的洞察力,也只能帮到这么多了。它描述的主要是我们的过去而非未来。

实现我们心中这种具体形象的改变是一个过程。它需要警惕、勤勉的自我监督。它需要努力反复探求那些简单、不体面、我们曾不屑一顾,甚至被我们踩在脚下的东西。这个过程比做其他任何事都更能唤醒我们的本能,当我们还是小孩子的时候,就被注入了这种本能,但是随着我们学会享受成功、接受恐惧和失败时,它却逐渐消散。这种本能就是尝试。

第 2 章

6个问题,让你的投入度轻松翻倍

  我们为什么不能像七个小矮人一样吹着口哨快乐地工作?为什么公司安排的员工投入度培训总是适得其反?"你有明确的目标吗?"和"你尽最大努力为自己设定明确目标了吗?"虽然只是几字之差,却可以让你的投入度提升一倍。

员工培训为何总是收效甚微？

在指导过程中，我也有几个"绝招"。

道歉：再铁石心肠的人也会原谅承认错误的人。道歉是改变行为习惯的开端；

求助：很少有人会拒绝你恳切的求助。求助能够支撑改变的过程；

乐观：我所说的乐观是指你不但要内心乐观，还要把你的乐观表现出来。有信心的人相信一切问题都能解决，人们会被自动吸引到他周围，希望接受他的领导。人们会甘愿付出自己的时间和精力，帮助这个人成功。你不需要把改变过程彻底变为自我实现的手段，但只要你保持乐观，终将实现自我。

这些做法之所以能称为绝招，是因为它们很容易诱发他人的恰当行为，而且运用起来非常简单。

本章介绍了第四个绝招：提问积极问题（Active Questions）。和道歉或求助一样，它做起来也很容易，但它是另一种不同的诱发机制，其目标是改变我们自己的行为，而不是他人的行为。不过这丝毫不会减弱它作为绝招的效果。以自问自答（Self-questioning）的方式向自己提出积极的问题虽然很简单、容易被误解，也很少有人这样做，但它却能改变一切。

我从我的女儿凯莉身上学到了积极问题这一绝招，她是耶鲁大学的行为营销学（Behavioral Marketing）博士，现任教于美国西北大学凯洛格商学院。凯莉曾和我讨论我的研究领域中一个永恒的谜题：美国企业为了增强员工投入度而斥资百亿的培训项目为什么总是收效甚微？

凯莉耐心地指出，问题在于尽管这些公司在培训项目上投资不菲，但是他们的最终做法却会严重扼杀员工的投入度。从公司提出有关员工投入度问题的那一刻，扼杀的过程就已经开始了。几乎所有组织调查该问题的标准做法，都是依靠凯莉所说的消极问题（Passive Question），这些问题描述的是一种静止状态。例如"你有明确的目标吗？"，这就是一个消极问题。它之所以消极，是因为它会让人想起自己曾经遭遇了什么，而不是正在为自己做什么。

被问到消极问题的人，其回答难免会受到环境影响。因此，当你问一名员工"你有明确的目标吗？"，如果答案是"没有"，那么他很可能把原因归咎于一些外界因素，比如"我的经理都没下决心"

或者"公司战略每个月都在变"。员工很少会自我反省，主动承担责任说"这是我的错"。人们总会从其他地方找借口。"你有明确的目标吗？"这个消极问题引发了对方的消极解释。

凯莉说，这样提问的结果是，当公司采取下一步，征询应该如何改变的积极建议时，员工的回答会再次集中到外界环境而非个人上。典型的回答就是"需要培训经理制订目标"或者"主管需要更高效地与我们沟通愿景"。公司的初衷是要问"我们现在哪里做得不好？"，而员工列出的却是公司曾经犯下的错误。

消极问题也并非永远是消极的，它们也是非常有用的工具，可以帮助公司了解自身需要做出哪些改进。但它们又有非常消极的副作用。消极问题非常不利于强化人们的责任感，个人不会主动承担责任。这类问题会给人一种感觉——可以把责任推给自己以外的任何人、任何事。

积极问题是消极问题的替代品。"你有明确的目标吗？"和"你尽最大努力为自己设定明确目标了吗？"是有区别的。前者试图判定员工的思维状态，后者则是向员工发出挑战，让他们描述或解释自己的一系列行为。凯莉指出，在忽视积极问题的时候，人们提出的几乎全是消极问题。

员工投入度

在没有接受过培训的人眼里，我和凯莉不过是一对热衷于组织行为学奥秘的父女，是在咬文嚼字或者钻牛角尖。

但这对我来说却是一个转折时刻。我们在讨论员工投入度，这是人力资源领域中的一个重要概念，我有很多客户都是人力资源主管。在管理循环中，对于员工来说，投入是一种神秘的理想状态，它相当于篮球运动员"手感火热"或者艺术家"才思泉涌"的状态。对于人力资源专家来说，员工投入度可不像动画片《白雪公主和七个小矮人》中"吹着口哨愉快地工作"那样简单，不过事实上两者相差不远。

不过和"充分就业"（Full Employment）或世界和平一样，员工投入度也是难以捉摸、容易被误解的。我花了七年时间思考并与专家讨论这个问题，对这个概念的理解可谓一波三折。

为什么很难把全身心投入工作的思想灌输给某些人，却很容易教给另外一些人？

我应邀在一个人力资源主管会议上做有关培训的发言时，感到了一丝困惑。当时坐在我面前听讲的是来自三家顶级公司的人力资源主管，这说明员工投入度是一个组织成功与否的重要变量。三位主管的其中一人讲述了投入度的关键驱动力，其中包括一些值得钦佩的理想，例如：

- ◆ 提供公平的工资和福利；
- ◆ 提供适当的工具和资源；
- ◆ 创建学习型环境，鼓励开放式交流；
- ◆ 进行富于多样性、挑战性的工作安排；
- ◆ 培养善于授权、能够熏陶直接下属、为下属提供认可和实时反馈、帮助下属建立人脉的领导者。

这些做法都不无道理。谁敢说那些愿为公司"多走一英里"的诚信员工不比那些马马虎虎的散漫员工更有效率呢？又有谁敢说少发工资、拒绝提供恰当工具能提升员工投入度呢？

然后，那三位人力资源主管指出，员工的投入度从来都是比较低的。盖洛普公司在2011年的一项研究结果中提到，71%的美国人说他们在工作中"散漫"或者"非常散漫"。主管们无法对这种脱节和培训投资的低回报率做出合理解释。

我刚听到他们这样说的时候还把这当成了新闻。对公司投入巨资组织培训，员工投入度却没有任何提升的现象感到诧异。

但这根本就算不上什么新闻。几乎每次在飞机上找座位的时候，我都能看到这方面的证据。在一个三小时的航班上，一些空乘人员表现得积极、勤奋、欢快、热情，他们是高投入度的典范，但有一部分空乘人员却表现得消极、懒散、懈怠、痛苦。

为什么会有这样的差异？两类空乘人员的工作环境都是一样的：同样的飞机、同样的乘客、同样的工资、同样的工作时间，甚至连接受的培训也是一样的，但他们表现出了巨大的投入度差异。

我开始在航空公司柜台和会员休息室进行自己的投入度测验。我在美国航空公司（American Airlines）有1 100万英里的累计里程，这使我成为该公司的最忠诚客户之一，每当服务人员请我出示常旅客卡时，我都会留意他们的反应。

我的这张常旅客卡的外观并不特殊，不像"万人迷"乔治·克鲁尼（George Clooney）在电影《在云端》（*Up in the Air*）中累积满1 000万英里后收到的光滑的黑色哑光卡，所以我不敢保证，当我问服务人员之前是否见过这种卡时，一定能引起他们的注意。从理论上来说，一个全身心投入工作的航空公司员工看到我这惊人的里程数，一定会给予特殊照顾，因为我在该公司有大量消费。但是鉴于我在飞机上体验到的空乘服务，我对他们的地面工作人员也没有抱太高期望。

根据我的经验，全身心投入工作的员工在工作中非常积极主动。他们不仅对自己正在做的事情感觉良好，而且也不介意把自己的热情展示给全世界。我跟踪了多名服务人员对我1 100万英里常旅客卡的反应，根据积极或消极、主动或被动的特点，区分出了四种投入度水平（见图2.1）。

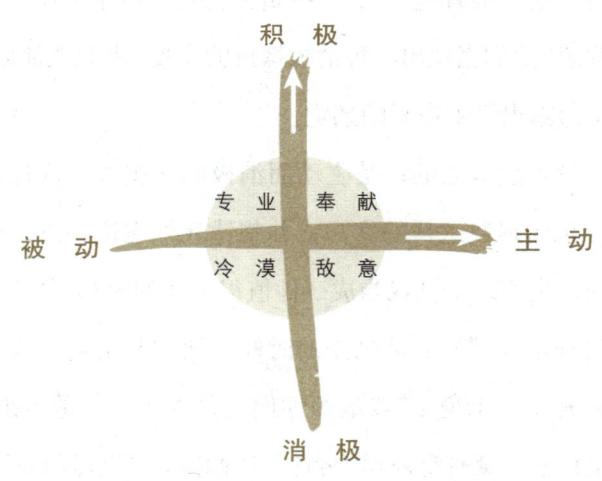

图2.1 四种投入度水平

奉献：主动而积极的员工会非常认真地端详这张卡，好像他们之前从来没有见过这样的卡，并自言自语地说："嗨，太酷了！"有的人还会叫另外一名员工来专门为我服务。他们感激我对美国航空公司的忠诚支持，并用实际行动表明了他们的感激之情。尽管我和他们只是在旅途中匆匆邂逅，以后可能再也不会相遇，我们之间的关系连业务来往都算不上，更称不上什么人际交往，但是这些员工让我感觉很好。这就是高投入度的表现。

专业：然后就是被动而积极的反应，达拉斯机场柜台的那位女性服务人员是一个典型，她会带着生硬机械的微笑说："先生，感谢您对本公司的支持。"这也不错。如果每个人都扮演好自己的角色，大家也可以相安无事。她按规定做动作，不会对客户造成任何伤害。

冷漠：我遇到的最常见反应是被动而消极的语调："先生，这卡不错"或者"这卡很有魅力"。这些员工已经厌倦了工作，对客户也没什么新鲜感，他们表现出一种消极抵抗的态度，表面上他们很投入，却从言语中透露出满不在乎的感觉。

敌意：投入度最差的，是主动而消极的一类人，这种人憎恨他们的工作，也憎恨我这样的客户，并想让我知道这一点。他们心情最好的时候，也不过是把我当成一件值得同情的物品（"我希望你以后不要再这样做了。"）心情最差的时候，他们甚至会拿我出气，比如拿着我的常旅客卡说："我最烦你们这种人了，总是飞来飞去的，还指望攒里程积分赚航空公司的啊！"他们拉长"里程积分"的音调，显得阴阳怪气。一般情况下，当我听到"你们这种人"的时候，就知道后边没好话，他们的表现也从来没让我猜错过。

每当我在被服务的过程中遇到"敌意"或是"冷漠"的人时，脑海里总会浮现两个问题：

- 是什么样的天才聘请他们做这种接待客户的工作？
- 他们是前世受了多少苦，今生嘴才这么毒？

回答第一个问题，是我职业生涯的核心工作。在那次与三位人力资源主管进行的会议之后，我特意叮嘱他们在对员工进行培训之后，要重视后续跟进。我经常强调这一点：不跟进，人们就不会变得更好。所以，让我们更好地跟进员工成长。

在测验中加入积极问题

女儿让我意识到，我还是太关注公司了。事实上，我想知道是谁聘用了这些人，是谁把他们安排到了服务客户的一线岗位。这是个好兆头，说明我还记着我的客户，而不是把打造敬业员工的责任都推给员工自己。通过强调更好的跟进，我要求客户更翔实地记录员工的失误，这无疑增加了他们的负担。

我传递给他们的信息并没有错，但是我忽略了问题的另一面，那就是员工对自身行为的责任感。差异不在于航空公司做了哪些事来提升空乘人员的投入度，而在于空乘人员做了哪些事来提升自己的投入度。

这对我来说是一大突破，我开始和凯莉一起开展一项对照研究，测验积极问题在员工培训中的作用。其理论基础在于，不同措辞的跟进问题，效果也会有明显的区别。因为积极问题能让受访者更专注于他们能做些什么来积极改变世界，而不是这个世界能做些什么来积极改变他们。

美国前总统肯尼迪肯定懂得这一点，他有一句呼吁美国民众行动起来的传世名言："不要问国家能为你做什么，而要问你能为国家做什么。"

在第一次研究中我们建立了三个不同的组别。第一组是对照组，不进行任何培训，只是在其他组培训前后提问他们有关快乐、意义、构建积极人际关系以及投入度的问题。第二组接受了两小时有关"投入工作和家庭"的培训，之后连续十天每天跟进提问以下消极问题：

- ◆ 你今天快乐吗？
- ◆ 你今天过得有意义吗？
- ◆ 你今天与他人的人际关系怎么样？
- ◆ 你今天对工作生活的投入程度如何？

第三组接受了两小时同样的培训，之后连续十天每天跟进提问以下积极问题：

- ◆ 你今天是否尽最大努力追求快乐了？
- ◆ 你今天是否尽最大努力寻求人生意义了？
- ◆ 你今天是否尽最大努力构建良好人际关系了？
- ◆ 你今天是否尽最大努力全身心投入工作和生活了？

为期两周的研究结束时，我们让这三组人分别对自己的快乐、意义、积极人际关系和投入度的改善情况打分。

他们的反馈结果表现出了很大差异。对照组的改变很少,这与我们的预期一致。消极问题组报告说四个方面都有所改善,而积极问题组在每个方面的改善都是消极问题组的两倍。也就是说积极问题给受训员工带来的改善效果是消极问题的两倍。尽管两种跟进方式的效果都比不跟进好,但是只要对跟进问题的措辞稍做优化,聚焦于跟进对象能控制的事情,就能带来更好的效果。

6个逆向投入度问题

单靠一项研究回答不了我们的所有问题。相反,它只能让我们更加渴望得到更多答案。所以我们又开展了第二项研究,这次的研究对象是那些参加我领导力讲座的高管们。我连续十天每天提问他们六个积极问题。我根据自己的经验和其他文献中能提高员工投入度的因素,"逆向设计"了这些问题。以下就是我选定的这六个投入度问题,以及选择它们的原因。

1. 我今天是否尽最大努力去设定明确目标了?

有明确目标的员工比没有明确目标员工的投入度更高。这是毫无疑问的。如果你没有明确的目标,不妨扪心自问:"我是否全身心投入了?如果是,那么我在全身心投入做什么?"这个问题适用于大型组织,也适用于个人。没有明确的目标,就没有全身心投入。

在2008年金融危机以后,我和一家银行的主管合作,该银行在三年时间里走马灯般地换了三任CEO,一时间失去了方向,公司高管的投入度得分惨不忍睹。严重拉低他们得分的问题就是"我有明确的目标吗？"。只要把这个问题换一种积极的表达方式，就会立即产生不同效果。主管们不再消极等待别人安排任务，而是自己每天设定目标，从此以后，这些因为CEO无能而士气低落的主管的投入度出现了大幅提升。

2. 我今天是否尽最大努力去实现我的目标了？

特瑞莎·阿玛贝尔博士（Dr. Teresa Amabile）在她的《进步原理》（*The Progress Principle*）一书中表示，有"不断进步"感觉的员工会比其他人更加投入。

我们不仅需要明确的目标，还需要看到自己在不断接近这个目标。任何退步都是令人沮丧泄气的。想象一下，如果你制订了一个目标，结果不但没有达成，反而表现越来越差，这时你会有什么样的感觉？你的投入度会有何变化？

3. 我今天是否尽最大努力寻求人生意义了？

对于一个成熟的人，已经没必要再去争辩寻求意义和目标能否改善生活了。我很推崇维克多·弗兰克尔（Viktor Frankl）1946年的名著《活出生命的意义》（*Man's Search for Meaning*）。弗兰克尔是奥斯维辛集中营[①]的幸存者，他讲述了哪怕是在最难以想象的逆境中，寻求人生意义的过程是如何保护我们的。寻求人生意义是我们自己

---

① 纳粹德国时期建立的劳动营和灭绝营之一，遗址在波兰小城奥斯维辛，有"死亡工厂"之称。——译者注

的事，不要让外部机构来代劳。这个问题给我们提出了挑战：不论做什么，都要更有创造性地去寻求人生意义。

4. 我今天是否尽最大努力追求快乐了？

人们依然在讨论"快乐"是不是影响员工投入度的一个因素。我想，这是因为快乐与人生意义是相辅相成的，两者缺一不可。如果员工汇报说他们很快乐但工作没有意义，那么他们就会感到空虚，好像他们只是为了玩乐浪费自己的生命；如果员工认为他们的工作很有意义但是不快乐，他们就会有种类似殉道者的感觉，不愿意继续留在这样的环境里。

就像丹尼尔·吉尔伯特（Daniel Gilbert）在《哈佛幸福课》（*Stumbling on Happiness*）一书中指出的那样："我们并不擅长预测什么能让我们快乐。我们认为我们的快乐源泉在'外界'，比如更好的工作、更多的钱、更优渥的环境，但最后往往却发现它在'内心'。当我们不再等待其他人或事物给我们带来快乐，而是负责任地关照内心时，就会发现快乐就在我们身边。"

5. 我今天是否尽最大努力构建良好的人际关系了？

盖普洛公司在一项调查中向员工发出提问："你在工作中有好朋友吗？"结果发现这个问题的答案与投入度直接相关。把这个问题调整成积极问题之后，可以提醒我们坚持培养，甚至创造良好的人际关系，而不是不停地审视和批判我们现有的人际关系。"得到好朋友"的最好方法之一，就是"做一个好朋友"。

6. 我今天是否尽最大努力全身心投入工作和生活了？

这个问题触及了投入度那令人眩晕的核心：要想提高投入度，我们必须问自己，我们是否尽了最大努力去全身心投入。如果一名员工有意识地去尝试更加投入，并严格衡量自己的努力程度，他就会更加投入地工作。

这是一个自然实现的动态过程：衡量我们投入度的做法，能够强化我们坚持投入的承诺，并提醒我们要对自己的投入度负责。在十天的跟进之后，我们问参加第二次研究的高管："你感觉怎么样？你有进步吗？"迄今为止，我们已经对2 537人进行了79次研究，结果非常令人振奋。

- ◆ 37%的研究对象报告说在所有六个方面都有改善；
- ◆ 65%的研究对象至少有四个方面有所改善；
- ◆ 89%的研究对象至少有一个方面有所改善；
- ◆ 11%的研究对象各个方面都没有改变；
- ◆ 0.4%的研究对象至少有一个方面出现了恶化。（这实在是太令人意外了！）

鉴于人们根本不愿意改变这一特点，我们的研究表明，积极问题能够诱发我们以一种新的方式与世界交流。

积极问题揭示了我们正在尝试什么、放弃什么，它让我们认清了自己能够改变什么，让我们摆脱了牺牲品的感觉，代之以控制感和责任感。

"每日问答"测验

我在思考"你有没有明确的目标"和"你有没有尽最大努力去设定明确目标"之间的区别时,突然意识到,我自己在生活中也同样犯了用消极问题代替积极问题的错误。

多年以来,我坚持每晚进行一次跟进,我称之为"每日问答",不论我在世界的哪个角落,都要找个人给我打电话,提问我几个特定问题。每天都是如此。在很长时间里,我都针对我的身体健康提出 13 个问题,因为如果没有健康的身体……你一定明白它的后果。第一个问题总是:"我现在快乐吗?"(这对我很重要),接下来是:

- ◆ 我今天散步了多久?
- ◆ 我今天有没有吃高脂肪含量的食物?
- ◆ 我今天睡了多久?
- ◆ 我今天花了多少时间看电视或者上网?
- ◆ 我今天有没有做些有益于丽达的事,或者对她说些体

贴的话?

每晚诚实地回答这些问题,让我得以坚持专注于自己的目标,成为更快乐、更健康的人。十几年来,这成了我的一种固定的自我调节方法。没有它,我的一年可能会有 180 天生活混乱。我不是在吹嘘自己的方法多么有效,而是在忏悔自己多么缺乏自律。

如果当天早些时候我和一位客户到户外边散步边聊天,我会记下我们花了多少分钟;如果我晚上熬夜、清晨起早,我也会记下自

己短暂的睡眠时间；如果我当天忘记问候丽达，我对最后一个问题的回答就将是否定的。

从凯莉的"积极/消极"的角度来研究我的问题清单。我意识到其中很多问题设计得不够合理，或许算是消极问题。它们起不到刺激或激励的效果，它们不能诱发我的努力，只是对当天的目标完成情况做了一个简单的回答。如果我看了很久电视，我在给出答案时也不会谴责自己或者感到羞愧，不会因为认识到自己的懈怠而感到失望。我总以为明天就可以做得更好。如果一天天过去我依然没有进步，也不会受到任何惩罚。

我按照凯莉的积极问题形式对它们进行了调整，使之更有意义：

◆ 我今天尽最大努力追求快乐了吗？
◆ 我今天尽最大努力克制自己看电视或者上网了吗？
◆ 我今天尽最大努力避免高脂肪食物了吗？
◆ 我今天尽最大努力做有益于丽达的事，或者对她说体贴的话了吗？

通过这样简单的调整，我不再问自己一天的表现如何，而是问我努力了多少。这两者之间的区别对我很有意义，因为按照我之前的做法，如果我不快乐或者忽视了丽达，总会归咎于一些外界因素。我会告诉自己："我今天不快乐，是因为航空公司的飞机在跑道上滞留了3个小时（航空公司要为我的快乐负责）；我今天吃多了，是因为一位客户带我到他最喜欢的烧烤酒吧，那里的菜品丰富、热量高，但美味难以抗拒,也就是说,我的客户或者那家烧烤酒吧应当为控制我的食欲负责。"

加上"我尽最大努力了吗"的问题,就是加入了"尝试"的因素。它向我的问答过程注入了个人主导权和责任感。使用新问题清单几周以后,我发现了一个意外结果:积极问题不仅会引出答案,它们还使我对那些目标产生了不同程度的投入感。为了准确叙述我的努力程度,我不能只是回答"是"或"否"或者"30分钟"。我必须反复思考回答的措辞。

首先我必须衡量我的努力程度。为了让它有意义,我必须根据一个相对标准来衡量,拿最近几天的努力程度与之前做比较,以便观察我是否越来越积极,是否真的有进步。我选择用10分制给自己打分。如果某一项的分数低了,我就会自我检讨。我们或许无法每次都实现目标,但不应该找借口不去尝试。

从那以后,我每日问答的题目变换了很多次。只有不断调整改变,这个问题清单才有意义,如果我在某些事上没有进步,就增加一些新问题来解决。表2.1是我现在每日问答的一周情况示例。

我的一些客户每天晚上只反思3~4个问题,但我的问答清单有30个问题,这是因为我需要很多帮助,还因为我已经坚持这样做很久了。问题的个数并无定论,它取决于个人想做出多少积极改变。

几年来,我一直都在处理一些广义上的人际问题,成功人士刚开始进行这种每日问答时选择这种问题是很自然的,从情感上来说,核心在于要在工作中少一点"强迫欲"或"控制欲",抑制自己时刻想赢的想法,更多与同事合作,更多和家人相处。坚持这样做几年,

表 2.1　每日问答一周情况

项目 \ 星期	一	二	三	四	五	六	日	平均
你尽最大努力做这些事了吗？（1～10 分）								
1. 设定明确目标	10	9	10	10	7	9	4	8.43
2. 在实现目标上有所进展	8	10	10	9	8	9	6	8.57
3. 寻求人生意义	7	9	10	9	9	6	6	8.43
4. 快乐生活	8	10	9	10	9	9	9	9.00
5. 构建良好人际关系	4	9	10	9	10	5	5	8.00
6. 全身心投入工作生活	6	10	10	9	8	9	6	8.29
你花了多长时间做这些事？（分钟）								
7. 反思	40	15	0	0	30	0	40	17.86
8. 写作	90	30	45	0	240	0	180	83.57
9. 冥想	0	20	25	20	15	15	0	13.57
10. 锻炼	40	45	45	45	15	40	0	32.86
11. 睡眠（小时）	8	7.5	8	8	8	8	8	8.07
12. 关注非专业媒体	30	10	20	0	30	150	120	51.40
你尽最大努力做这些事了吗？（1～10 分）								
13. 做有益于丽达的事，或者对她说体贴的话	8	8	8	10	8	5	8	7.86
14. 做有益于布莱恩的事，或者对她说友善的话	8	8	8	8	8	8	0	6.9
15. 做有益于凯莉的事，或者对她说体贴话	5	5	10	8	8	5	0	5.9
16. 做有益于里德的事，或者对她说友善的话	0	0	0	0	5	0	0	0.71
17. 不浪费精力在无法改变的事情上	9	8	6	8	10	9	10	8.57
18. 避免对别人发火或者发表消极评论	8	10	7	9	10	10	10	9.14
19. 避免在不必要的时候竭力证明自己是对的	10	4	6	4	10	9	10	7.57
你有没有做这些事？"是"(1) / "否"(0)								
20. 你履行对所有客户的承诺了吗？	1	1	1	1	1	1	1	1.00
21. 你遵循医生的体检建议了吗？	1	1	1	1	1	1	1	1.00
22. 你按时服用维生素和其他药物了吗？	1	--	1	1	--	--	--	1.00
23. 你整理自己的仪容了吗？	1	1	1	1	1	1	1	1.00
回答以下问题（给出数字结果）								
24. 你的体重是多少磅？	176	--	--	--	--	--	--	176.00
25. 你今天吃了多少份脂肪或甜食？	2	2	5	4	4	3	4	3.40
26. 你今天做了多少仰卧起坐？	200	0	0	0	200	0	200	85.70
27. 你今天做了多少俯卧撑？	20	0	0	0	20	0	20	8.60
28. 你今天清洁了几次牙齿？	1	2	1	1	1	0	2	1.10
29. 你今天还有多少电子邮件没有回复？	245	84	126	154	185	214	78	155.10
30. 今天有多少事是你有意去做的？（%）	25	80	70	70	55	65	50	59.28

解决一些大问题之后，再去解决一些细微的问题就是很自然的，例如坚持做俯卧撑、按时服药、抵制甜点之类的事情，它们常常会从其他方面考验我们的自控力。

你还会发现，我的每日问答并不局限于衡量我的努力程度，有些问题并不符合"我是否尽最大努力……"的形式。前12个问题是有关个人行为的，旨在解决我的内在问题，评估我当天的行为表现，用努力程度给这些问题打分很容易理解。

剩下的18个问题涵盖了工作和个人的自律性。面对"每天散步多久"或者"邮箱里遗留了多少未回复邮件"这样的问题，为了奖励自己而谎报数字是没有意义的。这些问题都很容易量化，我以此监督自己当天的成绩、当天的结果。有关客户和个人习惯的4个问题只需要回答"是"与"否"，我要么做了，要么没有。

我填写上表的那一周，是一段典型的出国工作时间。当时我从纽约飞到罗马，再到马德里、苏黎世，最后经新加坡飞到雅加达。我在三个欧洲城市都发表了长篇演讲；在旅途中也遇到过一些麻烦，比如有一个约好的司机始终没有出现（这降低了我不因自己改变不了的事情而沮丧的分数）；我睡了几晚好觉，也有几晚上睡得不那么好（这不可避免地会影响打分）；我的减肥计划也受到了挑战，因为在罗马、苏黎世和马德里都有非常诱人的晚餐；我非常享受站在人群前发表演讲的感觉；我在电子邮件和琐事上花费了很多时间；我写作的时间没有达到自己的预期。每晚当我写下这些问题的答案时，所有结果都摆在那里，等着我去反思。

我对这一周的反思总结是：对于一个65岁的人来说，我这一周的安排有点儿疯狂。我想继续这样做下去，但是要把节奏稍微放慢一点。如果我不把这个目标放进每日问答，可能就会忘记它。

这里要说的是，每日问答应该能够反映你的目标。你不一定要把它们公布出来（除非你像我一样在写一本这方面的书），这意味设计它们时不必考虑他人的评判，设计这份问答清单，并不是要给别人看的。它是专属于你的清单，专属于你的生活。你可以用 ABCD 来给自己的努力程度打分。你需要考虑的只有一点：能否坚持完成这份问答清单，是否愿意每天晚上都填入相应答案？

一个差异化的特征

积极问题并不是千篇一律的。专业的民意测验专家都知道，向受访对象提问的方式会对民意调查结果产生很大影响。例如，问我是否同意"军事力量是确保和平的最佳手段"，和让我在"军事力量是确保和平的最佳手段"与"外交手段是确保和平的最佳手段"之间做选择，这两种调查方式是有差异的：有外交手段这个选项时，选择军事力量的人要少得多。

正是这种差异把积极问题变成了能应对一切的法宝。使用"你尽最大努力做……了吗？"的措辞，能够诱发人们去尝试。

尝试不仅能改变我们的行为，还能改变我们对这些行为的理解和反应方式。尝试不只是对我们的目标清单进行语言上的调整，还能带来一些意外的冲击，激发我们做出改变，又或者彻底把我们踢出游戏。

想象一下你想在自己的行为改变清单上列出哪些每日问答。如果你和大多数人一样，这些目标就不外乎几大类：健康、家庭、人际关系、金钱、智慧、自律等。

其中会有一两个有关家庭关系的问题（要对你的伴侣更好一点，对孩子们更耐心一点），几个有关饮食和健康的目标（减少糖的摄入、报名瑜伽班、每天用牙线清洁牙齿），以及一个时间管理目标（在午夜前上床睡觉，每天看电视的时间不超过3小时）。

其中会有一些关于工作的行为习惯（请求帮助、拓展你的社交圈、寻找新工作），还有一些更具体的想法（开始写博客、加入一个专业团体、为商业出版物撰写文章）。

其中会有一些涉及智力开发的做法（阅读《米德尔马契》[①]、参加一个美术班、学习中文），还有戒除某种不理想的个人习惯（咬手指甲、频繁说"你知道"、往地板上乱扔衣服）。

接下来，把这些目标列在一个表中，这样你就可以每天给它们打分。最好确保你的每个问题都以"我是否尽最大努力"开头。然后研究这份清单，估测你在接下来30天里做好这些事的可能性。90%的人给自己预测的成功率在平均水平以上，如果你和大多数人一样，你会认为自己多半能够实现所有目标。

在任何自我完善的项目开始之初，我们都信心高涨，但在现实世界，我们都是高级策划人、低级执行者，所以实际情况很少如此。

当我检查培训班成员的每日问答练习时，我用一个非常有把握

---

① *Middlemarch*，英国著名作家乔治·艾略特的代表作之一。小说塑造了约150个"圆形"或"扁平"人物，并将他们安排在错综复杂的社会关系中，再现了一个完整的社会结构。——译者注

的预言打击他们说："不出两个星期，你们就会有一半的人放弃，不再回答这些每日问答题目。"

然后我解释说，他们不仅会在某些目标上懈怠下来，还有可能不再坚持每天给自己打分，从而放弃整个计划。这就是人性。不是人人都能做到完美，哪怕他们的自我评价都很高。有些人会比其他人更勤奋，这产生了不同层次的努力程度。对于我们任何人来说，面对现实都有难以想象的困难，即使是那些号称生活中最重要的事情，我们也有可能压根不去尝试。

哪怕是最热情地检查清单和每日问答的人，哪怕他们非常拥奉这些概念，也很难理智地面对现实。波士顿的外科医生兼作家阿图·葛文德博士在2011年出版过一本《清单革命》，我们曾在电话里讨论我的日常问答。他一下子就被迷住了，表示要把这种问答纳入自己的日常安排中去。

几个月之后，当我检查他的进度时，他讲述了这些问答是如何改变了他的生活。尽管他才四十多岁而且身体健康，但他有老婆和两个儿子要养活。他没有人寿保险来保护家庭，这让他很苦恼。所以他在自己每日问答清单上加了一个问题：你买人寿保险了吗？这根本算不上是行为习惯，更像是一件杂事，他只要做了这件事，就可以把它从清单上去掉。但是一连过了十四天，他对买保险这个问题的回答依然是"否"。

葛文德博士盯着这一串令人泄气的"否"，感到非常讽刺，他每天都会拯救一些陌生人的生命，却做不好买保险这么简单的事情来保护自己最深爱的人。在由自己出题的测验里，他失败了。

但是讽刺不会诱发行动。葛文德博士告诉我，"否"的积累诱发了一种紧张情绪。他感觉很尴尬，自己没能完成这么一件既简单又重要的任务。第二天，他去购买了人寿保险。

这就是每日问答的神秘力量。如果长期实现不了目标，我们最终要么会放弃这些问题，要么会被迫采取行动。我们会感到羞愧或尴尬，因为我们亲手写下了这些问题，我们知道答案，却在这场测验中拿不到及格的分数。如果问题的开头是"我是否尽最大努力"，这种感觉会更加强烈。因为我们不得不承认，不要说是否尽了最大努力，我们可能连试都没有试过。

每日问答：最便捷的自律工具

对于艾米丽来说，诱因就是全食食品超市（Whole Foods Supermarket）为期一天的员工折扣。在那一天，超市里所有商品都对员工打六折，包括生鲜蔬菜。艾米丽刚从美国烹饪学院（Culinary Institute of America）毕业，在全食食品超市位于波士顿以南几英里的查尔斯镇分店找到了第一份工作。

艾米丽今年26岁，一直以来都有体重超标的问题。她以前吃得不好，但对食物也不十分在意，投入烹饪事业以后，艾米丽总是在做菜、品菜、思考食物，她的超重问题也因此变得越发严重，至少超出理想体重45公斤。

在全食食品超市员工折扣的这一天，每一位员工都抵挡不住打折商品的诱惑。在逛超市的时候，艾米丽考虑买一些蔬菜，例如菜花、胡椒、西兰花、西红柿、洋蓟。她想自己可以准备一些健康食品，对自己的饮食习惯稍作调整，或许还应该开始一次减肥，尽管她已经数不清自己曾经减肥失败多少次了。

超市新开的闪亮果汁吧吸引了艾米丽，嘈杂的机器周围堆着大堆的胡萝卜、甘蓝、芹菜、黄瓜和苹果，忙碌的工作人员在不停地榨出果蔬汁饮料。这是这家超市人气最旺的橱窗。艾米丽想到自己的一些朋友曾通过为期一周的果蔬汁断食（Juice Fast）和所谓的排毒实现了快速瘦身，或许她可以从果汁吧经理那里学到点瘦身知识。不论怎样，她买了一大堆蔬菜和水果。

那位刺满文身、疯狂热爱果蔬汁的经理解答了艾米丽的一些疑问，并给她提供了一些参考意见。"如果你买这些蔬菜，"他说，"我将免费送你一台榨汁机。"当天晚上，艾米丽拖着购物袋满载而归，里边有一台镀铬欧米茄牌榨汁机，还有一部名为《脂肪、疾病、濒临死亡》（*Fat, Sick, and Nearly Dead*）的果汁减肥纪录片。

然后艾米丽做了一些明智且不寻常的事情：她向朋友和家人发送电子邮件，宣布自己要启动一项为期60天的果汁减肥项目，并请求他们予以帮助。我就是通过这个果汁减肥项目认识艾米丽的。艾米丽的伯伯马克是我的长期文稿代理人及写作搭档，他也收到了艾米丽的邮件。马克非常精通每日问答的方法，所以当艾米丽开始挑战自己的行为习惯时，他给她提供了指导。

艾米丽的故事给我们带来的启发，不仅在于正确运用每日问答的方法遴选问题、记录分数、监督自己并坚持下去，更在于我们要如何做出那些影响结果的选择和调整。

改变印象

我在会见客户的时候,常常会在脑子里形成一个"改变印象"(Change Profile),估计这些客户能接纳多少改变,以及他们应该把哪些事留到下一次再做。我考虑他们的承诺、他们曾经的成功纪录,以及他们的改变需要何种程度的社交支持和自控力。艾米丽身上体现了所有这四种因素,虽然并非每种因素都对她有利:

1. 她曾寻求帮助

这很好。当我们把自己要改变的想法广而告之时,我们就是在公开冒险,这相当于把我们的名声和自尊押了上去,这跟押上了自己辛辛苦苦挣来的钱没什么区别。

2. 她选择单干

减肥针对的是个人,而不是社交型的行为习惯。例如,如果我们决心做一个更好的聆听者,成功实现这一目标需要其他人的参与,那么我们就必须持久表现出新的行为习惯,才能让人们意识到我们听的比说的多。我们不能说"我更善于聆听了",而是应该由他人来宣布"你更善于聆听了"。艾米丽的情况则不一样,她减肥只需要依靠自己,所以他自己就能评定成果。如果她做得不好,只会让她自己失望。艾米丽是在孤立状态下努力,这意味着她对自己的命运有全部控制权。综合考虑来说,选择单干对她是有利的。

3. 她处于一个"敌对的"环境中

艾米丽在全食食品超市的工作,对她减肥没有任何好处。她不仅在上班的时候一直待在充满各种食品、各种美味诱惑的食品超市里,更要命的是她还负责管理奶酪部门。她就像是在啤酒厂工作的酒鬼，并没有处于一种最有利于减肥的环境中。

4. 她过去没有任何成功纪录

艾米丽表现出的"成功印象"是我所不熟悉的。和我的商业客户不同，她没有很多成功纪录和战胜挑战的经历。她还年轻，刚刚开始她的职业生涯，而且事实上，她之前几次减肥都失败了。与那些成功的商务人士相比，这可是个重大劣势。对于曾经取得成功的人来说，接受挑战并再次取得成功就像是锻炼肌肉，你用得越多，它就越强壮，过去的成功经验会给他们注入信心，使之相信自己能在任何条件下取得成功。

2001年，当我第一次与艾伦·穆拉利（Alan Mulally）合作时，他正负责运营波音公司的商业航空部门。他耐心地听我讲述了我提供给他的方法。最后说："我懂了。这是一个可复制的过程。"

"不过不止于此。"我只插了一句，然后明智地选择继续聆听。

艾伦微笑着说："我连波音777飞机都造过，不用担心，我能做到这一点。"

他说对了。成功人士可以用过去的成功经验来战胜新挑战。艾伦是我见过学习最快的人，因为他已经知道该怎么做了。我这两年指导非常成功的人时，不需要任何担保，直到他们完全取得成功后才会收费，主要原因就是我相信"成功孕育成功"的道理。和成功人士合作，我成功的概率当然很大。但是艾米丽没有这样的成功经验。她不但要培养新的饮食习惯，新的行为习惯，还要学习怎样在忙碌中取得成功。

这就是艾米丽第一天给我留下的"改变印象"。她要在一个不给力的工作环境中改变一个最难改变的行为习惯，而且是独自行动，没有群体环境的支持。

每日问答和她伯伯每晚的电话跟进可以提供一些规划因素和督促。奇怪的是，几乎所有减肥书和减肥项目中都没有提到如何跟进，它们只告诉希望减肥的人应该吃什么，却没有说应该怎样坚持下去。

艾米丽遵循的是成年人怎样改变行为习惯的入门教程。她迈出的第一步，是决定要改变什么。艾米丽设定了6个目标：

1. 坚持果汁节食；
2. 坚持每天锻炼身体；
3. 提升有关酒的知识（她正在准备二级侍酒师考试）；
4. 和家人朋友保持联系；
5. 在工作中学习新知识；
6. 在工作之外帮助他人。

艾米丽的这些目标并不起眼，我们都用过这样的自我完善清单：减肥、健身、规律生活、学习新知识、戒除坏习惯、节省开支、帮助他人、多陪家人、到陌生地方旅行、恋爱、放松。这些目标都没错。事实上，把类似这样的目标交给另外一个人，也同样有价值。

她的第二步是接受积极问题的概念，聚焦于努力程度而非结果。她要用"我有没有尽最大努力……"，而不是"我有没有……"来规划自己的目标。每晚10：00，艾米丽的伯伯都会给她打电话，她也会提前准备好答案。就这样，改变发生了。在每日问答和伯伯的跟进帮助下，艾米丽的改变过程没有出现倒退。表 2.2 和表 2.3 就是她从第一周到第四周记录的分数：

　　日常问答的一个未被发现的好处在于，它能迫使我们关注一个被忽视的量化数据：努力程度，但我们很少这样做。我们把努力当成二等公民来对待。每当失败的时候，我们总是给自己传递一些悲观信息，比如"我努力过了"或者"我尽力了"。如果坚持记录量化数据，几天之后数据就会说明一些情况；如果只看结果，我们就有可能忽视它们。

　　例如，艾米丽在前十二天里，给自己坚持果汁节食这一条上打的都是满分 10 分。鉴于我们对任何事物都不乏三分钟热度，所以在任何改变过程刚刚开始的时候，这样的自律都不算稀奇。我们策划和执行的时间间隔越短，我们记得自己计划的可能性就越大。随着策划与执行之间时间间隔的拉长，我们所处的环境会把它的所有诱惑和干扰强加给我们，使我们的激情和自律性逐渐消退。

表 2.2　艾米丽的每日问答（第一阶段：第 1～2 周）

我尽最大努力做这些事了吗？	第1天	第2天	第3天	第4天	第5天	第6天	第7天	第8天	第9天	第10天	第11天	第12天	第13天	第14天
1. 坚持果汁节食	10	10	10	10	10	10	10	10	10	10	10	10	10	10
2. 锻炼身体	0	0	0	0	0	0	0	2	0	0	0	0	9	9
3. 提升有关酒的知识	2	3	0	0	0	1	4	10	10	8	7	6	9	9
4. 和家人朋友保持联系	8	5	6	4	6	3	3	5	5	3	8	4	8	4
5. 在工作中学习新知识	3	2	2	6	7	10	0	4	9	3	3	10	9	0
6. 在工作之外帮助他人	5	10	10	4	4	6	5	6	3	3	7	7	3	10
总　计	28	30	28	24	27	30	22	37	37	27	35	37	48	42

表2.3 艾米丽的每日问答（第一阶段：第3～4周）

我尽最大努力做这些事了吗？	第15天	第16天	第17天	第18天	第19天	第20天	第21天	第22天	第23天	第24天	第25天	第26天	第27天	第28天
1. 坚持果汁节食	10	10	10	10	10	10	10	10	10	10	10	10	9	10
2. 锻炼身体	8	0	8	8	10	8	8	9	10	10	9	10	10	10
3. 提升有关酒的知识	8	8	7	8	8	8	8	10	8	8	10	8	8	9
4. 和家人朋友保持联系	4	5	3	3	6	4	3	5	5	7	7	3	2
5. 在工作中学习新知识	4	4	10	5	0	4	7	8	2	2	8	0	0
6. 在工作之外帮助他人	6	10	7	6	7	7	8	4	3	3	5	5	5	8
总 计	40	37	45	40	41	41	43	42	45	38	42	49	35	39

但是在她的第二个目标——每天锻炼身体上，她得了11个0分，1个2分（那天她散了会儿步）。她伯伯指出："如果你能连续无视一个目标将近两星期，它就不算是重要目标，那你为什么还要把它放在清单里？"

这次电话给了艾米丽当头一棒，用她自己的话来说就是，"严厉的爱"迫使她承认，没有锻炼身体作配合的极端减肥方法是不健康的。第二天，她加入了当地一个基督教青年会，青年会有一个游泳池，每天有一小时只对会员开放。

你可以看到，就在第13天，她在"我是否尽最大努力锻炼身体了？"一栏给自己打了9分。

到第24天，她又把一个高温瑜伽入门班加入了自己的日常锻炼计划。在摄氏33.3度的房间里锻炼90分钟之后，她几乎要累晕了，所以她那天给自己打了10分。到第四周结束的时候，她已经瘦了17公斤。

表2.4　艾米丽的每日问答（第一阶段：第5～6周）

我尽最大努力做这些事了吗？	第29天	第30天	第31天	第32天	第33天	第34天	第35天	第36天	第37天	第38天	第39天	第40天	第41天	第42天
1. 坚持果汁节食	10	10	10	10	10	10	10	10	10	10	10	2	2	2
2. 锻炼身体	8	8	10	9	10	3	3	10	10	10	10	8	8	8
3. 提升有关酒的知识	7	8	9	9	10	9	10	10	10	10	10	5	5	5
4. 和家人朋友保持联系	9	8	8	6	4	5	4	6	9	0	3	1	10	10	10
5. 在工作中学习新知识	4	5	4	3	7	4	3	0	1	4	7	0	0	0
6. 在工作之外帮助他人	6	5	5	5	3	2	6	7	6	5	8	4	4	2
总　计	44	44	46	42	44	33	38	46	37	42	46	29	29	27

　　接下来的四周也差不多，在经历过起伏后，艾米丽逐渐认识到哪些事情重要、哪些做法有效、哪些事可以放在一边。表2.4和表2.5就是她这四周的成绩。

　　果汁节食右侧一连串的10分尤其令人印象深刻，它意味着艾米丽确实尽了最大努力，这转化成了完全遵守规则，没有任何犹豫和偏离，也没有用任何非液体食品来自欺欺人。在第40～42天，她的果汁节食得分骤然下降。但这是事先安排好的，她当天出席了一位朋友在缅因州的婚礼，并决定放松一下，在别人都吃着蛋糕、举着香槟祝福新人的时候，不做只喝果汁的"另类女孩"。固体食物给身体带来的冲击让她很为难，她还想继续果汁节食，并把这个60天的项目延长3天，以此来弥补这次"中断"。

　　我们还可以看到，在第三个问题右侧，提升有关酒的知识的努力出现了进步。因为她的侍酒师考试时间快到了（在第49天考试），她在拼命读书，利用所有自由时间来学习，她在这一项给自己打了很多 10 分或 9 分。

在第 51 天，第 4、5、6 个问题出现了一串"×"。艾米丽总结说，她不需要再给这些事情打分了。因为这已经成了习惯，他不需要再为此"尽最大努力"。艾米丽把自己的目标精选为三项（见表 2.6）。她并没有放弃其他事情，而是习惯已成自然（在后文中我们会讲到，这是一项宝贵的技能）。

在第 63 天，艾米丽结束了这项严格的果汁减肥项目。她在这期间瘦了 25.4 公斤，通过了二级侍酒师考试，每周至少去游泳或上瑜伽班 5 次。她完成了有生以来时间最长的行为习惯改变计划，心里满是自豪。但是困难的部分才刚刚开始。

正如我们在前文提到的那样，我们通过创造、保留、接受或消除来实现改变。到现在为止，艾米丽都是集中在消除上。她为了戒除多年以来的不良饮食习惯，采取了极端手段，以拒绝固体食物来挑战自己，重新调整了自己的新陈代谢，快速实现了瘦身目标。

表 2.5 艾米丽的每日问答（第一阶段：第 7～8 周）

我尽最大努力做这些事了吗？	第43天	第44天	第45天	第46天	第47天	第48天	第49天	第50天	第51天	第52天	第53天	第54天	第55天	第56天
1. 坚持果汁节食	10	10	10	10	10	10	10	10	10	10	10	10	10	10
2. 锻炼身体	8	8	8	10	8	6	10	9	10	10	8	4	10	10
3. 提升有关酒的知识	7	8	8	10	7	10	10	10	10	9	2	6	10	10
4. 和家人朋友保持联系	9	5	5	6	6	6	6	3	×	×	×	×	×	×
5. 在工作中学习新知识	4	4	4	6	3	6	6	6	×	×	×	×	×	×
6. 在工作之外帮助他人	6	9	9	3	6	3	3	5	×	×	×	×	×	×
总 计	44	44	43	46	39	42	45	43	29	30	20	20	30	30

但是人不能只靠喝果汁活下去。两个月以后，艾米丽知道自己必须停止这项苛刻的减肥项目了。果汁节食已经完成了它的使命，它为艾米丽提供了严格的规则，极度缩减了她每天的饮食选择。如果你饮食的选项只有甘蓝汁、芹菜汁、芒果汁、红薯浆、胡萝卜汁、辣椒水、甜菜汁、苹果汁等内容时，不论你如何选择，都是不可能让自己吃肥的。如果你把奶酪饼干、冰激凌或者营养杏仁等美味排除在了环境之外，你就不可能受到它们的诱惑。

现在，离开了果汁节食的快速调整，艾米丽需要养成新的烹饪和饮食习惯。她进入了改变行为习惯的第二阶段，在这个阶段，她需要更多的创造而不是消除。原来的日常问答题目不再适用了。她需要重新设定目标，制订对今后生活有意义的计划。

表 2.6　艾米丽的每日问答（第一阶段：第 9 周）

我尽最大努力做这些事了吗？	第57天	第58天	第59天	第60天	第61天	第62天	第63天
1. 坚持果汁节食	10	10	10	10	10	10	10
2. 锻炼身体	8	8	10	10	9	10	10
3. 提升有关酒的知识	7	6	4	9	9	7	9
4. 和家人朋友保持联系	×	×	×	×	×	×	×
5. 在工作中学习新知识	×	×	×	×	×	×	×
6. 在工作之外帮助他人	×	×	×	×	×	×	×
总　计	25	24	24	29	28	27	29

大概一年以后，艾米丽又减掉了 25 公斤，终于达到了目标体重。她通过了三级侍酒师考试，还第一次参加了 5 英里长跑比赛。表 2.7 就是她想出来的新的每日问答题目：

表 2.7　艾米丽的每日问答（第二阶段：第 10 ~ 11 周）

我尽最大努力做这些事了吗？	第64天	第65天	第66天	第67天	第68天	第69天	第70天	第71天	第72天	第73天	第74天	第75天	第76天	第77天
1. 锻炼自己的体力														
2. 健康饮食														
3. 提升有关酒的知识														
4. 锻炼自己的脑力														
总　计														

总的来说，这个故事的结局很美满。用"结局"这个词可能有点不恰当，艾米丽的故事还在继续，离结束的日子还很远。和我们每个人一样，她一直都处于回到之前不理想行为习惯的风险当中。采用极端方式减肥之后出现反弹的故事屡见不鲜（约 67% 的人会在三年之内恢复之前减掉的全部体重）。

是我们所处的环境造就了这一切，它一直在策划损害我们最佳利益的战争，我们必须始终保持警惕。我们要不断提升做好一件事的能力，哪怕只是保持之前的成果。

我引用艾米丽的故事，是因为她的主要目标——控制体重——是大多数人都要面对的问题。在这方面了解别人的评价并不难，所以我们很容易衡量它。此外，减肥这件事就像是专门为自我监督准备的，因为我们每天都在通过饮食塑造自己的体型。我们购买、准备食物，或者告诉别人我们想吃什么。我们可以控制这方面的环境，它却控制不了我们。

在大部分改变行为习惯的尝试中，不论是控制自己怒气这样的大目标，还是不再说脏话这样的小目标，都体现不出每日问答的一些重大优势。正是因为这些优势,每日问答才得以成为一股颠覆性力量。它们能够创造出更加如意的环境,通过以下几种途径帮助我们成功改变行为习惯:

1. 它们会强化我们的承诺

行为经济学家把每日问答称为一种"承诺机制"(Commitment Device)。这些问题公开了我们做某些事的意图,在让自己失望或者当众丢脸的风险下,它们会迫使我们做这些事。

艾米丽从朋友和家人那里寻求帮助,就是一种承诺机制;在晚上定闹钟也是一种承诺机制,它能迫使我们按时起床;有些人为了避免半夜吃零食,把晚上提前刷牙作为一种承诺机制,由于不想在睡觉前再刷一次牙,他们就会放弃零食;有一种"脏话罐",如果谁说脏话了,就要往里边投钱,这也是一种承诺机制;同样,如果我们和朋友打赌要按时完成一项任务,金钱上的损失就会刺激我们必须成功;社交网站也懂这一招,它让我们签一份改变行为习惯的"合同",并在我们出现动摇时,通过信用卡来实施经济惩罚(例如捐钱给一个自己喜爱的慈善组织,或者更令人寒心的做法,捐给一个我们厌恶的组织)。像 Freedom 这样的软件也是如此,它能让人们连续八小时不用互联网。还有 Lose It 之类的应用程序,它根据我们想要的减肥速度,给我们每天摄入的卡路里设定上限。

我们的承诺机制和做其他事情的智力表现一样,有时很聪明,有时又很蠢,而且有很多种犯蠢的方式。甚至连一些企业也会出现这样的情况。瓦尔比派克眼镜公司(Warby Parker)把自身重组为一个"B公司"①，正式承诺根据盈利情况为社会进步做贡献，根据新模式，他们每卖出一副眼镜，就要在发展中国家免费赠送一副眼镜。该公司不能因为一时突发奇想或者业务放缓就放弃承诺，因为这将导致经济和声誉上的损失。这是一个严肃的承诺机制。

每日问答也是严肃的，它能迫使我们说清楚自己到底想要在生活中做出哪些改变。对于我们很多人来说，把目标一一写下来，或许意味着第一次正视自己的缺点，或者是考虑改变，抑或是承诺要变得更好。你还记得自己成年后第一次重大的行为习惯改变吗？是什么诱发了它？你做得怎么样？不妨这样问自己："作为一个成年人，我那次改变最终成功了吗？"

2. 它们会在我们需要的时候诱发动机

一般来说，我们会受到两种动机的驱动。即内在动机（Intrinsic Motivation）和外在动机（Extrinsic Motivation）。

内在动机就是我们想要做某些事，因为我们享受它。比如读一本并非老师布置的书，只是因为我们喜欢它的主题，那些早起跑6英里的人们，纯粹只是为了体验锻炼身体的快乐；还有那些在家花几个小时烘烤一块面包的人，虽然在面包店里很容易买到同样的面包；类似的，人们会利用周日早上的时间玩报纸上的填字游戏。快乐、投入、好奇是内在动机的最明显特征。

外在动机是为了某些外部回报而去做某些事，比如为了得到他

---

① B Corporation，一种利用公司力量来解决社会和环境问题的新型公司模式。——译者注

人的认可或者避免受惩罚。学生时代的我们都经受过外在动机的狂轰滥炸：分数、奖学金、简历、申请名牌大学……在我们进入职场后，这些外在动机也没有消失。

它们只是换了些名字而已：薪水、头衔、办公室面积、他人的赞赏、报销账户、贵宾信用卡、度假别墅。所有这些奖赏都在刺激我们努力工作、好好表现。只有在我们实现这些目标时，外在动机才会出现动摇，我们才会思索为什么它们没有带来我们所希望的意义和幸福。

每日问答让我们聚焦于我们需要帮助的方面，而不是我们已经做得很好的方面。每个人都有一些自然养成的行为习惯，不需要任何外界强化就可以把它们做好。例如演讲是我最重要的技能，它是我的主要收入来源，能带动我的作品的销售。

作为一名专家，这是我付出努力最多的方面，不论是有偿的还是公益的，也不论是面对6个人的30分钟演讲还是面对数百人的90分钟演讲。但是尽管如此，我也从来没有把公开演讲列入每日问答，因为我不需要监督自己作为演讲者的动机。在这个领域，我已经非常努力。我喜欢做这件事，而且希望一直做下去。

当然，在很多领域我们的动机并没有达到最优，不论是内在动机还是外在动机。每日问答能迫使我们面对这些不完美，承认它们，并把它们记录下来。只有做好了这些事，我们才有机会变得更好。

3. 它们能凸显自律和自控之间的区别

改变行为习惯需要自律和自控。我们很容易把这两者混为一谈，但它们之间是有微妙差异的。自律是指实现理想的行为，自控是指避免不理性的行为。

当我们在蒙蒙亮的清晨去健身房时，或者按时结束一次周会时，或者清理好办公桌再下班时，或者记着感谢同事的帮助时，我们表现出来的都是自律，是坚持重复积极的行为。当我们拒绝自己最喜欢的事物时，不论是抑制取笑他人的冲动还是拒绝再来一顿小点心，我们表现出来的都是自控。

大多数人都更擅长两者中的一个。有人擅长重复积极行为，但不那么擅长避免消极行为，有人则恰好相反。这种脱节解释了我们常见的一些自相矛盾的人，比如吸烟的极端素食主义者、优柔寡断的教练、宣布破产的会计、自己也需要指导的导师。

我们从每日问答的措辞中揭示了我们对自律或自控的偏好。一个人可能会问自己："我是否尽最大努力限制自己吃糖了？"另一个人却会问："我是否尽最大努力抵制糖果了？"前者叫做自律，后者叫做自控。根据我们的个人特点，这种细微的调整会改变一切。

4. 它们会把我们的目标提炼为方便管理的数据

每日问答比其他任何事物都更能压制行为习惯改变的劲敌：急躁。不论目标是六块腹肌还是新声望，我们都想立竿见影，而不是很久以后才能看到结果。

我们今天付出的努力，将来不知哪天才能得到收获，这其中的间隔让我们丧失了改变的激情。我们追求即时的满足，反感需要持久努力才能达到的目标。

根据定义，每日问答迫使我们每天都要检查自己在某些方面的努力。这样，它们把我们的目标提炼成了方便管理的每日数据。

通过聚焦于努力，每日问答把我们从对结果的痴迷中解放出来。因为不需要再每天衡量结果，我们就得以享受改变的过程，充分体验自己造就改变的角色。我们不再因为看得见的进展姗姗来迟而沮丧，因为我们在关注另一个方面。每日问答提醒我们：

- 改变不会一蹴而就；
- 成功是日复一日坚持努力的最终成果；
- 只要努力了，我们就会变得更好；如果不努力，就无法变更好。

承诺、动机、自律、自控、耐心，在我们努力改变行为习惯时，它们都是每日问答带来的好帮手。不过，还有一个帮手我们没有讨论到，那就是教练。

教练：自律计划中至关重要的跟进人

在电子表格中编辑每日问答题目并没有什么魔力。只要我们找准了努力方向，横平竖直的电子表格随时可用。但电子表格不是必需的，晚上汇报情况的电话也不是必需的。电子邮件对我的很多客户也很有效，当表格中的某一项或几项打分特别高或者特别低时，他们喜欢简要解释一下。有时候他们还会给我语音留言。如果我想跟进他们的情况，既可以打电话也可以发邮件。具体使用哪种通信工具并不重要。唯一重要的因素是，要坚持每天向某个人汇报打分情况。这个人就是你的教练。

在某些人看来，教练有点像记分员，我们每晚向教练汇报分数，却并不会得到教练的评价或干涉；在另外一些人看来，这个教练像是个裁判员，他除了计分之外，还会在我们严重犯规的时候吹哨，比如要求我们解释连续几天获得低分的原因。还有一些人认为，这种教练像是成熟的顾问，他会和我们共同探讨我们正在做什么，以及为什么这样做。

从最基本的层面来说，教练就是一个跟进机制，像监督员一样定期检查我们做得好不好。当我们知道有人在监督自己时，效率就会更高。

从稍高一点的层次来说，教练可以给我们注入责任感。在每日问答的自我计分系统中，我们必须回答自己的问题。如果我们不满意，就会面临选择：是要继续忍受自己制造的失望，还是应该更加努力。结果，每天把分数报告给教练成了对我们承诺的检验。这种做法很好，当我们知道自己将要接受检验时，就会更加坚忍顽强。然而，教练不仅是我们内疚心理的代理人。

从最高层次来说，教练是一个调解员，在我们体内高瞻远瞩的策划人和目光短浅的执行者之间架起沟通的桥梁。我们体内的策划人或许会说："我要在假期读完《安娜·卡列尼娜》。"但假期里充满了各种使人分心的诱惑，执行者必须找一个安静的角落，才能阅读这部托尔斯泰的名著。教练会在我们制订计划之后提醒我们光靠自觉是不行的，他会提醒弱小的执行者怎样做。图 2.2 揭示了这个简单的动态过程。

图 2.2　策划人、执行者和教练的关系

大部分人已经熟悉了这种动态过程。如果想要健身，我们就会提前制订一个健身计划，比如周二上午 10：30 去健身房锻炼。但到了周二早上，我们却不那么坚定了（因为周一晚上送一位朋友去了机场，所以睡得太晚）。我们给自己设置障碍，破坏了与自己的约定。借口有无数种，有的借口是合理的，但大部分都毫无说服力。我们体内那个充满渴望的策划人变成了犹豫不决的执行者。

但是这个动态过程中有了教练之后，情况就会完全不同。由于请了私人健身教练，我们必须按时到场，因为对方在等我们。或许她是从很远的地方开车来的，或许她为了见我们推掉了了其他约会。作为人，我们对她负有责任。此外不管我们去不去，都要付钱给她。如果第一次就爽约，等于在开始前就承认了自己的失败，这对我们来说是一种侮辱。

所有这些因素，羞愧、内疚、经济损失、责任、形象，都对我们产生了影响，而这一切只是因为教练的存在。通过这种方式，我们完成了自己的计划。教练连接了我们体内的策划人和执行者，成功的改变就这样发生了。在或大或小的环境里，我们做出的选择把自己的意图和行动结合到了一起。

在做大多数努力时，我们都从直觉上意识到了教练的重要性。就像在体育比赛中，运动员需要教练帮助他们纠正技术动作，给他们鼓励，或者提醒他们在激烈的比赛中保持冷静一样。在公司环境中也是如此，那里最优秀的领导者就像是我们最喜欢的高中老师，教导、支持、启发我们，还时不时向我们注入一些顽强的意志，让我们保持奋勇前进。在这种等级分明、结构清晰的工作环境中，我们总是能对给我们发薪水的人负责，有明确的动机去变得更好，但是离开了这种环境，我们却不能很好地认识这种动态过程。在我们的私人生活中，混乱的环境诱发了不理想的行为，而我们也并非总是欢迎教练的指导。

我敢肯定，我们抗拒指导的原因之一，是我们对隐私的保护。有些事情不是用来与他人分享的。承认自己应该减肥或健身虽然是对我们的坦率和自我完善的意志的证明，几乎可以说是一种荣誉勋章，但作为一个"体面人"，作为搭档或父母，坦白自己有所不足，应该为每天的个人失败负责，则是另外一种情况。与其把我们的某些行为缺点像洗衣店的衣服一样公开晾出来，我们宁可不改正，继续掩藏它们。

第二个抗拒指导的原因是我们没有意识到自己需要改变。我们坚信需要帮助的是别人，而不是我们自己。2005年，西海岸一家大型装备公司的 CEO 给我打电话，请我与他的 COO，也就是他的接班人合作。这位 CEO 有明确的时间要求，他说："我的二把手是个好人，但是他还需要再历练三年。然后我就可以放心离开，让他顺利接班。"只要有人请我去为他实现预期目标，我的感觉就会瞬间灵敏起来。没错，当我对 COO 的同事进行全面采访后，他们都说这位 COO "现在就能接班"。更大的问题在于那位 CEO。我没有给出任何暗示，几乎每个受访者都说 CEO 在位时间太久了，为了公司考虑也该离任了。

第三个抗拒指导的原因就是成功人士难以动摇的自负：他们认为自己完全可以靠自己完成任何事。当然，很多时候他们的确可以。但总是大肆宣称不需要帮助，这算什么美德呢？这是一种毫无必要的虚荣，因为我们没能充分认清改变的难度。我知道这一点，是因为改变人们的行为习惯是我生活的主题，我一直在讨论它、写有关它的书、帮助人们实现它，这就是我的生活。尽管如此，我依然得掏钱请一位名叫凯特的女士每晚给我打电话，跟进我这一天表现如何。我并非担心别人说我像那不肯吃自己炒的菜的厨师一样，出于职业原因故意做作。虽然这相当于公开承认了我的软弱，但人人都是软弱的。如果抓不住我们所能得到的每一点帮助，改变的过程必将是艰难的。

有趣的是，不但每日问答和教练对减肥、健身这样的个人新年目标有效，它也同样适用于有关人际关系的目标，针对为个人量身定制的目标时更是如此，比如变得更友善、懂得感恩、更加体贴、更加清醒，这些目标实现后我们会给陌生人更好的感觉。我知道这一点，是因为我在客户身上见到了效果。他们没有请我帮助他们成为更好的战略家、预算编制者、谈判专家、公共演说家、提案撰写人或者程序员，而是帮助他们在最重要的人际关系中变得更好，成为他们家人、朋友、同事或客户眼中的楷模。

等那块冰融化

不久前，我与一位名叫格里芬的主管合作，他的行为问题在于，在工作中总想增加过多的价值。读过我的另一本书《管理中的魔鬼细节》（*What Got You Here Won't Get You There*）的人或许能回忆起我当时列举的应该破除的20种致命习惯，其中就有这一条，此外还包括"过于争强好胜""愤怒的时候发言""惩罚送信人""向别人炫耀自己的聪明才智"等。

格里芬的问题是，如果一位下属提出一个新创意，他不会说"好主意"，而是会表现出一股难以遏制的冲动想要改进它。这种改进有时候是有益的，有时候却是多余的。但问题在于，尽管格里芬也许能把这个创意改进10%，但与此同时，却把员工对这个创意的所有权减少了50%。他那令人窒息的争辩和创造力，让员工们噤若寒蝉。

格里芬学习速度很快，在每日问答中"不再增加过多的价值"这一项，他很快就给自己打出了10分。将近一年以后，下属才逐渐理解并完全接受他这种变化，在向他表达新创意时，再也不担心自己的创意会被夺走了。

格里芬的改变过程没有任何痛苦，而且改变速度很快，我们从此结为朋友，我还为他的其他一些不良习惯提供了义务指导。

"找一个在家里的问题，"我说，"让我看看你能不能改善它。"

他对自己选择的问题有点尴尬，他称之为"冰块叮当响"问题：一些与饮料有关的声音总会令格里芬感到烦恼，例如有人底朝天倒一瓶水时发出的咕咚声，把苏打水倒入冰凉的玻璃杯时发出的嘶嘶声，还有搅拌饮料中冰块时的叮当声。除此之外其他声音都折磨不到他，不论是狗叫还是婴儿哭啼，甚至是在黑板上划指甲，"哪怕是听五音不全的人唱歌都没事"。

"这怎么会成问题呢？"我问道，"把你的耳朵堵上，离开房间就是了。"

"冰块叮当响"问题

格里芬之前没有这方面的困扰，直到最近他妻子不喝矿泉水，改喝加冰健怡可乐了他才变成这样。妻子在玻璃杯里搅动冰块，轻啜一口，然后再搅一阵子。

那种声音让格里芬十分恼火。和妻子一起喝饮料本来是段轻松时光，但是突然间，这个每晚的惯例变得和痛苦的牙根管治疗一样令人紧张。

一天晚上，格里芬再也忍不住了。他冲妻子吼道："你能别再把杯子弄得叮当响了吗？"

妻子盯着他说："真的吗？"但她脸上的表情却像是在说："你个傻瓜！"

格里芬知道妻子什么都没有做错。如果自己指望她改变，而不是自己改变，那就有点儿过分了。承认问题，算是迈好了第一步。第二步则是认识到原本晚上的放松时间已经被他改造成了一种敌对环境，然后在每日问答清单中加入一个新问题：我是否尽最大努力享受和妻子共处的时光了？这个问题是格里芬自己提出的，所以他必须给出回答。

这一个问题的得分波动很大，有 1 分也有 10 分。格里芬努力克制着自己的不适感，故意忽视那些声音，假装在自娱自乐，所有这些都是为了不惹恼妻子。他在训练自己成为一个好丈夫，这对他来说很重要。

他告诉我，在最初忍耐这些声音的日子里，"我紧紧攥着手中的玻璃杯，几乎要把它捏碎了。但是我没有抱怨，我没有把自己的不适感表露出来"。

当格里芬发邮件向我汇报分数时，他会给自己如此努力的忍耐打高分。坚持这样做两周以后，他的烦恼开始逐渐消失。不是一下子消失，而是逐渐消失。好像每天都调低一格音量。不到一个月，问题解决了。他调整自己的思维，换了一种方式来应对。那种叮当声的诱发效果变得不那么明显了，他只把它当成是种无聊的声音，不再因此而恼火。格里芬不能改变环境，所以他改变了对环境的反应。

我承认，格里芬是一位难得的好客户。他就像一个很有天赋的运动员，又愿意听从教练的指导，去完善技巧。他相信每日问答，并每天检查自己的表现。他很好地掌握了这种过程，并实现了改变。我之所以讲这个故事，是因为它展现了每日问答的三个益处：

1. 只要去做，我们就能变得更好

这是每日问答的一个小奥秘。只要我们坚持以恰当的方式去做，同时客观地评估完成这些努力需要多少技能，我们就能变得更好。我们的生活中没有多少事情可以打包票，但这是其中之一。遵从我建议的客户都变得更好了，因为他们真的去做了，无论是做什么。

2. 我们能更快地变好

格里芬只用了一个月就解决了他的"冰块叮当响"问题，在工作中接受了 18 个月的指导之后，他似乎不仅变得更好，而且学会更加高效地实践改变过程了。无论是煎鸡蛋还是给病人做心脏手术，我们都希望自己变得灵活高效。只要多次正确重复一个动作，对它的掌握就会越来越好。就好像一个舞蹈家在多年训练之后，不需要事先排练，就可以靠肌肉记忆一次性完成一连串复杂的舞步。

但我们不敢奢望在某些改变情绪的目标上也能实现这样的提升。光靠技巧改变不了情绪，其他人的反应和不断变化的环境都会对它造成影响。但改变终究会发生。我曾看到很多一对一指导的客户在离开我之后，都实现了这样的改变。

和格里芬一样，他们一旦学会了如何改变一种行为习惯，就能重复这种做法，进而改变另一种行为习惯，而且比第一次改变更加顺利、快速。

3. 我们最终会成为自己的教练

这是最惊人的益处：我们最终会成为自己的教练。我知道这是正确的，因为我所有变得更好的客户，后来都在没有我指导的情况下继续进行自我完善。

鉴于我们体内高瞻远瞩的策划人和目光短浅的执行者之间存在一条鸿沟，第三点益处就显得更有意义。教练能够在这条鸿沟上架起一座桥梁，因为教练目标明确，不会被经常诱惑我们的环境迷惑，他们能提醒我们不忘初心、帮助我们振作起来，他们还记得我们表现出理想行为时的样子。这就是教练的作用。

但是随着时间的流逝，在多次被提醒之后，我们也学会并适应了这些做法，认清了那些容易让我们偏离计划的环境。我们会想："我经历过这种环境。我知道什么有用，什么没用。"在经过多次失败后，终有一天我们会做出更好的选择。这并不奇怪。如果我们在类似的环境中重复同样的错误一百遍之后，依然没有从中吸取教训，改变自己的行为，那才叫奇怪。

这时候，我们体内的策划人和执行者被教练结合在了一起。我们不再需要一个外界代理来指出我们哪些行为是危险的，或者督促我们遵守规则，甚至每晚听我们汇报分数。我们自己就可以做到。

我们体内的教练有多种形式。它可能是来自内心的声音——类似于良知，在我们的耳边私语，提醒我们想起之前的正确做法；也可能是一句歌词、一句有意义的座右铭、一张卡片上的提醒、对一位重要人物的记忆，或者其他任何诱发我们理想行为的事物；它甚至可以是一张照片。就像图2.3。

这是我家里唯一与研究有关的镶框照片，是美联社的摄影师于1984年在非洲马里拍摄的。我在刚开始从事教练工作时，曾和美国红十字会的 CEO 理查德·舒伯特（Richard Schubert）一起担任过志愿者。

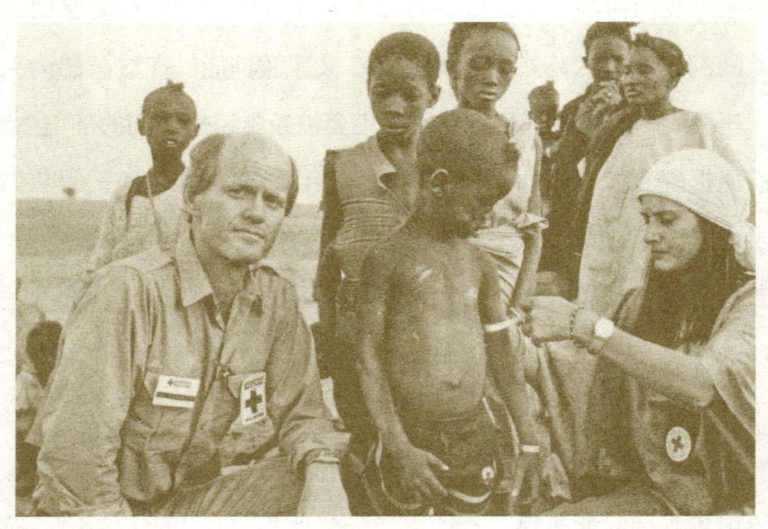

图 2.3　作者（左二）与非洲儿童的合影

跟他们相比，你已经是幸运儿

撒哈拉以南的非洲当时正在经历一场大干旱。数十万人受饥饿折磨。理查德请我与另外八名美国人一起去马里调查真相，调查为期一周，随行的还有美国国家广播公司（NBC）的记者。

在这张照片中，35 岁的我在撒哈拉沙漠里蹲在一位红十字会专家旁边。在她身后是一排 2～16 岁的儿童。

马里的食物供应非常有限，所以红十字会引入了一种冷酷的假设：2 岁以下的儿童注定要饿死，而 16 岁以上的少年则可以靠自己活下去，于是红十字会决定把所有食物都分发给2～16岁的儿童。

照片中戴白头巾的红十字会专家正在检查儿童的胳膊，以此来确定谁可以吃东西，谁不可以。胳膊太粗的儿童"还不够饿"，不会得到任何食物；胳膊太细的儿童会被放弃，也得不到任何食物；只有胳膊中等粗细的儿童，才能得到一小份食物。

我当时只要没有反人类倾向，就不可能无动于衷。但当我回归"正常"生活以后，除了这张照片，我周围的环境都在弱化这种记忆，不论它当时给我造成的冲击多么强烈。

然而这张照片还是会时常诱发我的感恩之心，好像1984年的我在指导今天的我一样。它传达了一条简单的信息：

感激你所拥有的一切。不论是失望还是所谓的磨难，都不要牢骚、不要抱怨、不要生气，不要斥责他人来表达你的权利。你并不比那些非洲儿童更优秀。他们可怕的命运，那不应该发生的悲剧，也可能会是你未来的命运。永远不要忘记那一天。

我几乎每天都会想起这张照片，因为生活中充满了所谓的磨难。例如，你有没有观察过人们被告知航班延误时的反应？这是生活中最常见的消极诱因之一。

听到这条消息的人们会变得焦躁不安，在无辜的工作人员面前，他们愤怒不已，丧失了以往的镇定从容。我也曾是这些人中的一员，或许我没有对工作人员大发雷霆，但确实会有一种自己是受害者的感觉。我不喜欢这种感觉，因为在见过马里那些饥饿的儿童之后，我知道自己没有冒充受害者的权利。我把那些不应该有的感觉与这张照片联系了起来。

多年以来，每当我听到自己的航班延误时，就会想起在非洲拍摄的这张照片，然后在心里重复一句话："永远不要抱怨飞机晚点，这个世界上有人在遭遇你无法想象的困难，跟他们比，你已经是个幸运儿了。"在可能诱发我消极行为的环境中，这张照片是一个积极的诱因。

自律第一原则——三思而后行

开始努力做每一件事的时候，我们都要先遵循一些能够促使我们坚持到底的原则：

- ◆ 做木工的第一原则是三思而后行；
- ◆ 在航海中，先要学会判断风向；
- ◆ 爱时尚的女性，要先买一件百搭小黑裙。

想要成为理想中的自己，你也要有一条第一原则。只要遵循这条原则，就能够极大减少你每天紧张、矛盾、争吵的次数，以及浪费的时间。在任何情况下，你都可以这样问自己："是要选择投入，还是要选择放手？"

我向来看重两种思想，一种是佛教中所说的"觉悟"，一种是德鲁克所说的"常识"，我将这两者融合起来设计了上面这个问题。每天，这个问题都会频频浮现在我的脑海，我会三思而后行。这条原则不需要我做任何事，却可以避免我做蠢事。

这不私人恩怨，只是习惯

一则空船的寓言包含了佛教的智慧：

它一直都是空船

一个年轻的农民奋力划船逆流而上，累得汗流浃背。他要把自己的收获送到上游的村子里去。这一天很热，他想尽早送过去，赶在天黑之前回家。他抬头一看，突然看到前方一条小船顺流疾下，直冲自己的船而来。他拼命划桨，试图避免冲撞，但是似乎为时已晚。

他大叫："闪开！你要撞到我了！"但这只是徒劳，那条顺流而下的小船砰地一声撞了上来。他骂道："笨蛋！你怎么能在这么宽的河中间撞到我呢？"他愤怒地向那条船里扫视，寻找这场事故的责任人，才发现那船里空无一人。他刚才是在冲一条摆脱缆绳顺着急流漂下来的空船在喊叫。

有时候，我们总以为有另外一个人在掌握局面，于是把自己的不幸归咎于那个人的愚蠢和马虎。我们为此大动肝火、推卸责任、扮演受害者，甚至做出出格的行为。

如果知道那只是一条空船，我们的行为就会更加冷静。没有替罪羊，我们就没法发火，就会平和面对自己的不幸，认为那只是一时倒霉。我们甚至会因此哑然失笑，认为在这么广阔的水域里，能撞上一条没有人控制的小船也是难得。

生活中那些迎面驶来的"空船"并不是针对我们的，不是所有人都在故意给我们制造麻烦，例如：

◆ 那位总是在开会时打断你的同事，其实他谁的话都要打断，因为他觉得自己实在太聪明了。所以，他的话是空的。

◆ 今天上班时，有位冲动的司机紧跟你的车开了好几英里，其实他每天在所有路上都是这样开车，这是他的习惯。所以，跟踪你的车是空的。

◆ 银行职员因为一个打印错误，驳回了你的小额商业贷款申请。他挑剔的是格式而不是你。所以，这次驳回是空的。

◆ 超市收银员忘把你买的凤尾鱼罐头打包了，你今天的晚宴还要用它，所以不得不开车回到超市来拿本来买好的东西。她一整天都在扫描条码、打包商品。很容易漏掉一盒净重85g的小罐头。她不是有意针对你这样做的。所以，这次疏忽是空的。

在领导力讲堂上，我常常用一个简单的练习来说明这个道理。

我会随机请一位听众想一个令自己感觉不好、愤怒或者疯狂的人。然后问他:"你能想象出这个人的样子吗?"

他会带着厌恶的表情点头说:"能。"

我又问:"因为你的难受,这个人今晚会损失多少睡眠?"

"一点都不会。"他答道

"那么,谁受到了惩罚,谁执行的惩罚?"我继续问道。

"答案已经很明显了,"他答道,"两个都是我自己。"

在练习结束时,我给出了一句简单提醒,因为他人的性格习惯而发火,和因为一把椅子是椅子而发火差不多。椅子改变不了自己是椅子的现实,我们遇到的大部分人也不会改变他们的性格。如果有人使你狂躁,你虽然不必强迫自己喜欢、认同或者尊重他,但是要接受他就是那样的人。

在电影《教父》中,由好莱坞影帝马龙·白兰度扮演的教父维托·柯里昂(Vito Corleone)像得道高僧一样说:"这不是私人恩怨,只是生意。"那些为了自己的最佳利益,做出反对我们或者令我们失望的行动的人,其本意并不是想要让我们痛苦。所有惹恼或激怒我们的人都是如此。他们这样做,是因为他们就是这样的人,与我们是什么样的人无关。

建立错误的积极性

德鲁克曾说:"我们生活的使命应该是做出积极的改变,而不是证明我们是多么聪明或者多么正确。"这条建议看起来浅显易懂,但如果可以选择,我们会选择做出"积极的改变"吗?

德鲁克同时强调了两个经常被我们忽视的概念。每当有机会展示自己的聪明才智时,我们都很少考虑身边的其他人,也不会想着为他们创造积极的结果。我喜欢把这种做法称为"错误的积极性":我们在说话时往往喜欢贬低他人,抬高自己。它们有以下几种表现形式:

卖弄学问　一位下属在发言时出现了一个口误,比如把"谁"念成了"水",然后你纠正了他。从发音一丝不苟的角度来看,这或许显得你很聪明,但是这样做既不能改善会场气氛,也不会让那位下属感觉良好。

我告诉过你……　你告诉妻子,你们两个至少要提前一个小时出门,才能赶上百老汇 8 :00 的演出。但是她拖拖拉拉,你们迟到了,错过了演出的第一幕。你勃然大怒,数落她毁了你一晚上的美好时光,责备她说你早就提醒了要提前一个小时。你说的当然没错,只不过继续这样下去,你连她这一晚上的美好时光也毁了。

道德优越感　当你告诉朋友或爱人不要抽烟、不该喝酒,或者你们应该抄近路回家时,难免会有一种道德上的优越感。在你做出这些号称帮助他人的行为之后,有多少次得到了对方发自内心的感谢?

抱怨　你会抱怨你的经理、你的同事、你的对手、你的客户。(据统计,美国的工人平均每周有 15 个小时在抱怨,抱怨成了工作场所中最流行的活动之一。)当你抱怨的时候,就是在反对其他一些人的决定、计划或者做法。显然，你这样的人不好相处，而且你的潜台词是：你可以比他们做得更好。这样做很少能起到积极效果，如果你不是当面发牢骚而是背后抱怨的话，就尤其如此。

这些有很强负作用的行为往往会适得其反。当众纠正别人的一个小错误，不算是教导；用"我告诉过你要怎样"的说法，无法愈合伤口；建议别人要像你自己一样，不会改正他们的坏习惯；向其他人抱怨，也不会提升我们的优越感。

以上只是随便举了四个例子，事实上我们整天都在做类似的事。从早上起床到晚上睡觉，每当与他人发生冲突时，我们就会面临帮助他人、伤害他人或者保持中立的选择。如果我们不注意，就会经常选择伤害他人，以此来证明我们比"那个家伙"更聪明、更优秀、更正确。

我把那则"空船"的寓言和德鲁克的建议看作两个互补的观点。佛教的寓言是面向内心的，它教我们在存在干扰的情况下如何保持头脑清醒；德鲁克的建议是面向外界的，它教我们如何控制错误的积极性。

在我们讽刺或贬低他人的时候，比如指责他人没有对情况做出积极贡献，我们没有意识到自己也在起负面作用。不是因为我们的初衷冷酷残忍，就是要故意引发"讨厌的后果"，事实是我们并没有想后果，只是想抬高自己。其实，我们只是在朝一条空船拼命证明自己有多聪明。

延迟机制的应用时刻

在诱因和行为的短暂间隔中,在诱因引发的冲动和可能令我们悔恨的行为之间,我们应该采用三思而后行的延迟机制。在我们对诱发环境产生高傲的、嘲讽的、批判的、好斗的、自私的反应之前,三思而后行可以制造一个瞬间延迟。这个延迟给我们时间去思考一种更加积极的反应。以下几句话值得认真思考:

◆ 我是否愿意表现出强大的意志力,为自己的言行负责,而不是让惯性控制自己。扪心自问:"我真的想要这样做吗?"

◆ 提醒我们自己处于当下。在不同的境遇中需要不同的反应。唯一的问题是,我们当前面对的是怎样的境遇?

◆ 在投入之前提醒自己,对他人做出反应是一种工作,需要耗费时间、精力和机会。而且,和其他任何投入一样,我们的资源是有限的。也就是问自己:"这样利用我的时间真的是最佳选择吗?"

◆ 在进行积极的改变时,要强调我们天性中善良、仁慈的一面。提醒自己,我们的行为要有助于把自己变得更好,或者把世界变得更好。如果这两点都做不到,我们为什么还要投入其中呢?

◆ 关于行动的主题,我们要聚焦在手头的事情上。我们不可能解决所有问题。在无法改进的事情上浪费时间越多,可用于能够改进的事情上的时间就越少。

使用这种延迟机制的场合,不仅限于那些必须选择做好人或坏人的时候(不过我也同意做个好人是无比重要的)。在一些看似细微的时刻,这个问题也会塑造我们的声誉,巩固或破坏我们的人际关系。例如:

1. 当我们困惑是否要如实表述个人想法时

我们都有一种良好的感觉,在无关紧要的时候,若不需要付出任何代价,不妨搁置自己的观点,抑制不必要的表达。如果母亲问我们她的新发型如何,我们不论怎么想,都会说"看起来棒极了"。毕竟,谁愿意毁掉老妈对自己新发型的良好感觉呢?我们整天都在做这样的事情,小心翼翼地保护我们所爱的人,不让他们陷入不必要的麻烦和痛苦之中。

可一旦它与我们保护自己的需求相抵触时,这种保护他人的宝贵本能就会变弱。在那些时候,我们把真诚当成伤害他人的武器,而不是能积极改善情况的工具。医生会面临这种两难境地,他们必须做出选择,是告诉癌症患者残酷的真相(这样可以避免患者产生错误的幻想),还是隐瞒坏消息(这样可以使他振作起来,激发他的乐观精神)。不过医生至少会讨论应该透露多少信息,我们则往往一句都不会讲。

如果你曾错误地与恋人分手,并且悔恨当初笨拙、伤人的分手理由,你就能理解真诚与不假思索的区别。真诚是说足够多的真话,满足其他人了解情况的需求,但是不假思索地说出太多信息,却会产生负作用,往往令他人感到痛苦或羞愧。在工作场合中也是如此。如果我们要辞退一个人,完全可以使用一些中性的语言,比如"我很遗憾，没能留下你"。但也可能不假思索地说"你一无是处"。这就相当于在足球比赛中遇到了非常弱的对手，是选择多传球给对方保留颜面，还是努力多进球刷数据。在比赛中，我们常常会陷入狂热的竞争当中，我们需要胜利，需要展现自己的优越感，却忘记了对方的感受。

是否选择真诚，这并不是多么深奥的难题。就像参加一场意外的生日晚会。如果你所爱的人为你准备了一个惊喜，但一位朋友却泄露天机提前告诉了你，在走进房间时你会怎么办？是真诚地说你已经知道了，还是揭发并责备那位朋友破坏了惊喜，抑或是假装惊喜？如果你在选择假装惊喜之前，还需要时间来琢磨前两种选择，那么你在这方面真该加把劲儿了。

2. 当我们有先入为主的观点时

美国知名记者雷伯林（Liebling）曾于 1960 年说："出版自由只对拥有它们的人是有保证的。"他没有预见到我们现在的社交媒体时代，如今任何一个拥有智能手机的人都能像专栏作家一样，随时随地"出版"自己对任何主题的观点。

这是 21 世纪生活中亦福亦祸的事情之一。它拓宽了参加讨论的人群，缩小了强权者与弱势群体之间的鸿沟，但是它也浪费了人们很多时间。

例如，我的朋友拉里在亚马逊网站上发表了一篇书评，给一本书打了 1 颗星（最低分），他感到很骄傲，坚持要我读一读。那篇书评对作者进行了睿智、犀利的抨击，说作者纯粹是在浪费读者的钱。书评很长，一丝不苟地引用了很多原文。我相信拉里一定花了几个小时来写这篇书评。书评下边，还有20多条评论回复，拉里每天都会查看好几次。总而言之，他把一整天时间花在一篇最多有两百人看的书评上。

"这何必呢？"我好奇地问道。

"因为作者是个骗子。"他说。

"所以你就要让全世界都知道你很聪明，能发现这一点？"

"这只是一部分原因。"他说。

"还有什么原因呢？"我问道。

"我从良心上看不惯这本书。"他说。

"你就不能放下它，更高效的利用这几个小时吗？"

"我必须这样做，我也享受这种做法，"他说，"如果不这样做，我会感到更加愤怒。"

这才是我想听到的答案。拉里其实在心里做了个人"风险—回报"分析，最终认为写一篇书评对得起他的时间，因为这样可以提醒其他读者远离这本书，也算是做了积极的贡献。他不是爱找茬的人，只是在他的意识里，自己是在做好事，并从中感受到了乐趣。

如果我们的头脑都这么清醒，就会知道自己为什么要花那么多时间主动写一篇书评阐述自己的观点，不论是写给编辑的信，还是发表在个人博客、Facebook 或者 Twitter 上的文章。我并非无视这些信息的价值，我是关心它所花费的不受节制的时间。

只要不过分沉迷或者惹人讨厌，在网上发表个人观点只会浪费一些时间，并不会损害我们的人际关系。因为在大部分时间里，我们在网上都是在和陌生人争辩，我们不知道他们是谁，而且可能永远也不会见到他们。但如果我们把这种好斗的语言习惯带到了工作或社交场合中，面对熟人这样宣扬自己的观点，就会产生大麻烦。

3. 当我们的信念与他人的信念相冲突时

确认偏误（Confirmation Bias）是指我们偏好有助于确认自己观点的信息，而不论其是否真实。

这一心理学概念一针见血地指出，我们总是选择性地搜集信息、偏心地理解信息、不可靠地回忆信息。它有多种表现形式，比如我们喜欢能够验证自己固有态度的信息，再比如我们会扭曲、模糊，或者复杂化事实，来支持自己看重的信念。父母看到孩子早早学会了上厕所，就把这当成天才的证据，便是确认偏误的一个例子。一个领导者在力排众议之后，却做出了有瑕疵的决策，也是因为他的确认偏误。

我们无法消除他人或者自己的确认偏误，但应该努力避免它的危害。在我们可能陷入的所有无意义的争辩中，将个人观点与事实混淆是最糟糕的。

不论争辩的话题是气候变化还是独角兽的寿命长短，当你引用明显的事实反对他人时，总会产生一种所谓的"逆火效应"[①]。你精心组织的数据不但没有说服对方，反而强化了他的信念。他会加倍坚定自己的信念，你们两个都会更加偏激。如果你经历或见识过极端自由主义者和顽固保守主义者之间的热点辩论，你就会知道让某

---

① Backfire Effect，当一个错误的信息被更正后，如果更正的信息与人们原本的看法相违背，它反而会加深人们对这条（原本）错误的信息的信任。——译者注

一方最终改变观点，或者告诉对手"你是对的，我错了，谢谢你"是多么的罕见。

这样的争辩没有任何意义。最好情况不过是浪费大量时间，也没能改变别人的想法；而最差情况则是制造一个敌人，破坏一份情谊，还会给自己带来不好相处的坏名声。

4. 当最终决定和你的想法不一致时

德鲁克的另一句话改变了我的人生。我把它讲给了我指导的每一个人，对有些人还会反复提到它："世上所有决定都是由掌握决策权的人做出的。要习惯这一点。"

决策者做决策，这似乎是显而易见的。但有时候他们的决定是明智且符合逻辑的，有时候却是不理性甚至是愚蠢的。但这不会改变一个事实：他们依然是决策者。很少有人能习惯这个事实。从抱怨老师评分的小学生，到怨恨自己父母没有权势的青少年，从悲叹被拒绝的求婚者，到忽视董事会指示的傲慢CEO，我们在生活中总是抱怨应该怎么样，却不愿接受事实情况。在这种幻想的泡沫中，我们授予自己不应有的自治权和优越感。我们想象如果自己有权做决策，这世界该有多么美好。但是我们没有这样的权力。

如果你就是这样，习惯性地反对决策者做出的决定，三思而后行可以教你一个最简单的"成本—收益"分析方法：这项决策值不值得你去反对？如果答案是否定的，那就把那项决策抛到脑后，在你能够做出积极改变的地方竖起你的大旗。

如果答案是肯定的。例如，我将奉献出一大部分时间去帮助世界银行行长金镛博士，实现该组织消除极度贫困的目标。我并不幼稚。

我知道在我的有生之年，看不到这项事业的成功，但是我愿意尽自己的绵薄之力去奋斗。冒着大风险去为信仰战斗，是一件无比满足、无比快乐的事情。这是你的生活、你的呼声，没有人可以替你决定。三思而后行会让你做好准备，接受自己的选择。

5. 当我们后悔自己的决定时

有一次我从欧洲飞往美国时，旁边坐着一位瑞士的私人投资家。在我们讨论双方的职业时，他说他购买了一家小公司，并让前雇主管理业务，结果总是亏钱。他因这笔交易而后悔，感觉自己被坑了。

"你这样有多久了？"我问他，"这种愤恨和后悔的情绪？"（每当这种时候，我常常感觉自己像是在挑逗对方后悔，但我不介意。）

"两年了。"他说。

"你是因为什么而愤怒呢？"我继续问，"是因为对方把公司卖给你，还是因为你自己买了这家公司？"

他大笑道："问得好！"这时已经不必再多说什么了。

当你后悔自己的决定时，如果什么都不做，那么你并不比一个抱怨上司的员工更好。而事实上你们都是在冲着一条空船吼，唯一的区别在于，你吼的目标是自己。

三思而后行并不是包治所有人际关系问题的灵丹妙药。我在这里强调它，是因为它有特殊效果：它能提醒我们，我们所处的环境每天都会诱惑我们很多次，让我们卷入一些毫无意义的小争论。而我们对付它们的最好方式，就是什么都不要做。

就好像关上办公室的门，别人在敲门前就会有所犹豫一样，问自己"我现在是否愿意做出必要的付出，在这个主题上实现积极的改变？"可以给我们一段缓冲的时间，足够让我们做个深呼吸反思一下再继续行动。这样做，我们就排除了杂音和噪音，把自己从无谓的琐事中解放出来，去处理真正重要的改变。

Triggers

Creating Behavior
That Lasts--
Becoming
the Person
You Want
to Be

第 3 章

规划：把你的自控力升级为自律力

艾伦用一个简单的规划，把亏损 127 亿美元、摇摇欲坠的福特公司重新推上第一汽车制造商的宝座；执掌市值 200 亿美元部门的纳迪姆，用一个规划性问题就走出了人际关系的困局，打通了自己的高管之路。他们实现职场成就的规划究竟是什么？

没有规划，我们难以变得更好

在我指导过的客户中，在最短的时间内取得最大进步的高管是艾伦·穆拉利。他从一开始就是个了不起的人。

我第一次遇见艾伦是在 2001 年，当时他是波音商用飞机部门的董事长。2006 年他离开波音，到福特公司担任 CEO。2014 年，当艾伦从福特公司退休的时候，《财富》杂志将他评为全球最伟大的领导者第三位，仅次于教皇弗朗西斯和德国总理默克尔。现在，他和我携手帮助非营利组织和大型企业培训伟大的领导团队。

我从艾伦身上学到的东西，远比他从我这里学到的多，其中很大一部分原因是我当时有机会观察他对我们的讨论结果的实际运用。在艾伦看来，要管理一个组织及其所属人员，没有什么比规划更加重要。我相信，在我见过的对组织规划理论的运用中，他所提出的商业规划评审会（Business Plan Review，BPR）是最高效的。在多年指导、研究如何改变的过程中，我学到了关键的一课，它几乎是放之四海而皆准的：没有规划，我们难以变得更好。

艾伦不仅相信规划的价值，还把它运用到了工作的点滴之中。

艾伦到福特公司之后，每周四早上都会和他手下的10位高管召开商业规划评审会。

你可能会说："这有什么特别的，哪个CEO不开会呢？"但是艾伦给福特的老员工带来了新规矩：参会人员不得缺席，不许请假（出差人员通过视频参会）；开会期间不许讨论无关事务，不许嘲笑或打断他人，不许打手机，不许向下属透露会议内容；每位高管都要说清楚本部门工作的轻重缓急，评估能否成功，汇报进度，并坦承进度落后的地方；每位高管都有义务帮助而不是评判与会的其他人。

很多新上任的CEO都想打破原有的企业文化，结果可能只是换了一种套路，还是做原来那些事，新瓶装旧酒而已。但艾伦不一样，他之前的整个职业生涯都在造喷气飞机。作为一名航空工程师，他对规划和过程有深刻的信念，并且非常重视细节。每次开商业规划评审会时，他的开场白都是："我是福特汽车公司的CEO艾伦·穆拉利。我最重要的五件事是……"

艾伦每周都会更新自己那五件事的进展情况，使用红、黄、绿三种颜色计分，分别代表差、中、好。他要求10位高管也采用同样的做法，使用同样的方式进行自我介绍，给自己的工作打分。

从效果上看，艾伦使用的规划类型，和我在指导过程中推荐的是一样的,他把它推广到了整个公司。艾伦给新团队带来了新的规划，而且不论是内容还是措辞，他都没有走偏。他总能摆正自己的位置，坚持列出自己最重要的五件事，坚持给自己上周的工作打分。他从未食言，所以他有理由要求高管们也能效仿自己。

一开始，有些高管认为艾伦是在开玩笑，没有哪家大公司的CEO会信奉这套看似低幼的程序，而且要求一周又一周地坚持下去。但艾伦是认真的。蓬勃向上的组织需要规划，艰难奋斗的组织更需要规划。为了让他的团队学会恰当的沟通方式，他一步一步地给这些高管们展示了伟大的团队应该怎样沟通，还有比这更好的教学方法吗？

大部分高管很快接受了这种方式，但也有两个人表示抗拒。艾伦没有强迫那两个人听从自己的领导，而是耐心向他们解释，这就是他选定的开会方式。他说："如果你们不想接受这种方式，那是你们的选择。这并不能说明你们是坏人，只能说你们不适合这个团队。"没有斥责，没有威胁，更没有装腔作势。

艾伦就任福特公司 CEO 的最初一段时间，充分认识到了人们在改变面前是多么固执。那一年，福特公司亏损了 127 亿美元，当时艾伦的团队要求他去找纽约的银行家贷款 230 亿美元，维持福特公司的运转。如果说哪个团队最应该改变，那就是艾伦的团队。但是即使冒着丢工作的风险，还是有两位高管拒绝改变他们在周会中的行为。没过多久，这两位抵制者就决定辞职了。

为什么这两位高管宁愿放弃他们的职位，也不愿适应如此简单的程序呢？我对此的唯一解释就是：自负。出于同样的原因，外科医生拒绝按照简单可靠的检查清单洗手。很多高管太自傲，不愿承认自己需要规划。他们认为重复性动作是平凡的、枯燥的，甚至在某种程度上是对他们的贬低。他们觉得，这么简单的事情能有多大好处呢？

对于艾伦来说，关键就在于简单的重复。事实上，规划的基本元素，特别是那种红黄绿打分模式，能够鼓励部门领导关注被涂成黄色和红色的事项。就像每日问答驱动我们每天评估自己的努力程度，然后面对自己的实际行为一样，这些高管每周四都在用颜色宣布自己上周的得分，一次不落。

不论是用 ABCD 还是红黄绿，给自己打分都需要诚实、透明，艾伦称之为"可见性"。会议室里的每一个人都能看到彼此的工作进展，而且这种相互监督永远不会结束。高管们知道，以后的每一个周四他们都会坐到一起，而且 CEO 也会出现，听他们报告一周工作。"我知道你们下周一定会有进展。"艾伦这样对他的高管们说。

一些高管最初把艾伦这种严格的周会制度当成负担，认为反复开会、报告似乎有点浪费时间。但是渐渐地，他们得到了越来越多的收获。

遇到令人头痛的主题，他们不能跳过、不能回避，也不能试图敷衍了事。通过让每个高管每周重复自己的姓名、职务、最重要的工作，并给自己打分，艾伦让他们集中注意力，言简意赅地讨论关系福特公司起死回生的唯一标准：我们在不断取得进展吗？

这是规划对所有改变过程的主要贡献之一。它限制了我们的可选项，使我们不会因为外界因素而跑题。如果只有 5 分钟发言时间，我们就会想办法简明扼要地表达我们的意思，因为规划的限制，大部分与会人员都同意这样的发言效果更好。

在生活中增加规划，能让我们把握住难以驾驭的环境。

◆ 当我们列出购物清单时，我们就是在规划自己的购物过程，提醒自己购买需要的东西，避免购买不需要的东西；

◆ 当我们照着一套食谱准备晚餐时，我们就可以依靠规划简化烹饪的复杂性，同时增加我们端出一盘好菜的几率；

◆ 当我们拟定出一份遗愿清单时，我们就给自己的余生增加了规划；

◆ 当我们加入一个阅读小组时，我们就给我们的阅读习惯增加了规划（或许还会重塑我们的社交生活）；

◆ 当我们每周日早晨去教堂，或者跟踪自己每周的跑步里程时，我们就用某种形式的规划控制了生活。我们会对自己说："在某个方面我需要帮助。"而规划就能提供这种帮助。

成功人士凭直觉就知道规划的重要性。但是在涉及改善行为时，我们却会低估规划的作用。尽管规划能够很好地帮助我们组织日程，或者学习一项复杂的任务，或者管理其他人，或者提升某项可以量化的技能，但是在与他人交往这种简单任务中，我们却总是倾向于忽略规划。

我们认为"与他人玩儿得好"是用来评价小学生的，而不是评价我们这些大人的。我们会对自己说："我是一个自信而成功的成年人，不必总是监督自己是否友善或者别人是否喜欢我。"

或者我们会在所有人际摩擦中撇清自己，总是认为别人有错。于是对自己说："别的家伙才需要改变，我不需要。"

或者我们非常满足自己的行为已经带给我们的生活，所以沾沾自喜地拒绝任何改变的理由。对自己说："只要东西没坏，就没必要去修它。"

运用本书核心规划性元素的关键——每日问答——提问自己"我是否尽最大努力做……了？"的时候，就等于承认"我在……方面需要帮助"。每天不间断地回答这个问题，能给我们的生活注入缺失的活力和自律。最终让我们清楚面对自己竭力想要回避的问题：我变得更好了吗？

找到属于你的规划脚本

不论我们想要实现组织目标还是个人目标，没有规划，我们都难以变得更好。但是必须选择适合具体环境和个人性格的规划。

艾伦·穆拉利进入福特公司的时候，就怀揣着一套现成的规划，但也是只属于他的规划。它反映了艾伦的工程师素养和思维模式，是一种零容忍的规划，不允许有任何个性冲突，不允许任何个人凌驾于团队之上，不允许违反任何规则。这给艾伦和福特公司带来了辉煌的成就，但这套规划可能不适用于其他企业。

不同的人对应着不同的规划。我和东海岸一家保险公司的 CEO

罗伯特合作时，清楚地认识到了这一点。罗伯特最大的优点就是性格非常外向。他是经典的热情洋溢、善于察言观色、精力充沛的推销员，每天总是在忙个不停，总是在追求下一个大订单。他创造了不少销售纪录，简直成了公司里的传奇。大家尊重他、崇拜他、喜欢他，这也是他最终成为CEO的一个原因。但是他的问题我们也同样熟悉：一个伟大的推销员不见得就是伟大的领导者，哪怕是有超凡魅力和完美性格的推销员也不行。

在与罗伯特讨论他的360度反馈数据时，我发现了新情况。他开玩笑说，他的直接下属们或许不好意思坦率地评价他。

"不必担心，"我说，"我不会太关注那些赞颂式的反馈。"

他说他想看看都有些什么负面反馈，我拿给他看并告诉他："你得分最低的是'提供清晰的目标和方向'，你在这方面只能达到第8百分位。"

"说清楚点，第8百分位是什么意思？"他问道。

"这意味着我跟踪过的领导者们，有92%的人在这方面比你强。"

罗伯特不愧他的好名声，他输得起，而且希望变得更好。"看来我们有事情做了。"他说。要不是他当时穿着夹克，我想他一定会挽起袖子开始行动了。

罗伯特在提供清晰的目标和方向方面分数低，表明了他混乱的管理风格。这并不奇怪。作为一个天才推销员，他能依靠直觉读懂别人，了解他的客户。他从未真正培养自己的管理能力，比如去关注直接下属，指导他们，跟进他们执行决策的情况并提供反馈，在商业环境发生变化的时候调整策略。他过分以客户为中心，太关注外部事务而不是公司内部事务。一位高管指出他开会的次数太少。我是第一次听到这种反馈，之前从来没有员工对我说："我们需要开更多会。"

在我看来，罗伯特面临的挑战有两方面：他必须同时改变他自己和周围的环境。也就是说，他要把团队行为与他的个人行为统一起来。我有一套现成的简单规划，曾成功应用于很多客户，我把它推荐给了罗伯特。这套规划包括6个基本问题。对罗伯特来说，这不算什么突破性问题，但事实上，他从未创造环境或机会去问问他自己和团队成员这些问题。

我们立即着手，让罗伯特规定好时间，与9位直接下属每人每隔两个月进行一次一对一会谈。这给了罗伯特一个展示自己新行为的机会，可以展现出他正努力做出怎样的改变。对于一种改变来说，每周开一次会太频繁，半年一次又间隔太久，不利于形成印象。我对罗伯特的唯一指导就是坚持。就像艾伦·穆拉利重复他的评审会一样，罗伯特必须坚持一套剧本。他每次开会，都要在一张纸上列出以下6个问题：

1. 我们的目标是什么？
2. 你的目标是什么？
3. 哪些工作做得比较好？
4. 哪些工作需要改进？
5. 我能怎样帮助你？
6. 你能怎样帮助我？

1. **我们的目标是什么？** 解决了公司整体层面工作优先顺序的问题。它迫使罗伯特大声把自己对公司和下属的期望清楚地表达出来，让每一位高管都听到。细节在这里并不重要。关键是罗伯特要能描述出一幅蓝图，让大家能够公开讨论，而不仅仅是猜测。反复这样讨论，是改变环境和罗伯特声誉的第一步。

2. **你的目标是什么？** 然后，罗伯特要把目光转移到每位高管要做的工作上。他转换话题，让每个人回答同样的问题，从而把高管们的行为和思维模式与他自己的统一起来。高管们要立即像罗伯特那样，坦率诚实地说出自己的责任和目标。

3. **哪些工作做得比较好？** 在提供建设性反馈意见方面，罗伯特的得分几乎和设定清晰目标一样低。他过去没有在会上或者其他场合表扬那些业务明星，所以我会要求他在每次会议的第三部分公开赞赏面前的高管所取得的成绩。这样他就会问一个领导者很少提的问题："你觉得你和你的部门哪些工作做得比较好？"

4. **哪些工作需要改进？** 这迫使罗伯特给他的下属提出一些建设性的建议。他以前很少这么做，下属们也都不指望从罗伯特那里得到建议。在此他又增加了一个问题："如果你是自己的教练，会给自己提什么建议？"下属们的回答令他大吃一惊，因为他们自己提出的建议往往比罗伯特提的还要好。罗伯特不仅是在塑造周围的环境，也在从中学习。

5. **我能怎样帮助你？** 在领导者发布的所有指令中，这是最令人高兴的了。不论是作为父母还是朋友，抑或是主持会议的忙碌的CEO，我们说这种话的时候总是太少。很少有人利用这种相互帮助的力量。当我们向他人伸出橄榄枝时，其实也是在暗示他人承认自己需要帮助。我们这样做，是给自己增加了"被他人需要"的价值，而不是多管闲事或者强加于人。这就是罗伯特的愿望：把每一个人的利益统一到一起。

6. 你能怎样帮助我？求助意味着把我们的弱点和漏洞暴露出来，这并不是件容易做到的事情。罗伯特想成为一位卓越的CEO。通过不断求助和专注于自我完善，他也是在用心地鼓励每一个人都采取同样的做法。

罗伯特的公司并没有一夜之间旧貌换新颜。但是如果没有规划，变化也永远不会发生。这种简单的规划有助于罗伯特发挥自己的力量。他一直都很擅长与客户沟通，现在，他也把同样的技能应用在了员工身上。

事后看来，这种规划对罗伯特的最大影响，或许是放慢了他的节奏。他不再总是忙忙碌碌，因为他必须认真安排时间，每两个月开9次一对一会议。

4年后罗伯特退休的时候，在最后一次360度反馈中，在"提供清晰的目标和方向"方面，他达到了第98百分位。最令罗伯特感到惊讶的是他节省的时间。他总结说："与在第8百分位时相比，到达第98百分位之后，我与人们交流花费的时间更少了。一开始，我的团队连闲聊和明确目标都分不清。通过给他们加入简单的规划，我现在能够在提供他们需要的资源方面节约双方更多的时间。"

这就是把规划与改变的愿望相结合的附加价值。规划不仅可以增加我们成功的几率，还能提高我们成功的效率。

"自我损耗"时,如何自律?

你遇到过以下情况吗?

◆ 你结束了一天紧张忙碌的工作之后回到家,爱人想敲定度假计划。你们两个已经说好了什么时候去哪里度假,但是还有一些细节需要商定。但你实在太累了,于是对对方说:"随便你决定,我都同意。"

◆ 你早上睡过了头,来不及去晨练。你对自己说,晚上下班后一定要去健身房。但是晚上带着公文包和健身包下班时,你心想:"今天就算了。明天早上我一定去晨练。"

◆ 你一整天都在不停地开会、接电话,终于下班回到了家。此时夜幕刚刚降临,在这美丽的夏夜,距离天完全黑还有三个小时。你可以去散步,可以叫朋友们来聚会,可以给自己烧一桌大餐,可以补缴账单或者写写感谢信,可以读完正在看的书。但是你随手抓过一包椒盐卷饼或希腊奶酪,打开电视机,一屁股坐进沙发里,盲目地开始看第38遍《肖申克的救赎》,中间还时不时插播广告。

这是怎么回事?为什么到了晚上,我们的自控力就开始变差,不愿意去做那些有趣或者有意义的事情?这不是因为我们天生懦弱,而是因为我们这时候变弱了。

社会心理学家罗伊·F. 鲍迈斯特(Roy F. Baumeister)在20世

纪90年代创造了自我损耗（ego depletion）这个词来描述这种现象。他认为我们拥有一种所谓的自我力量（ego strength），这种资源是有限的，随着我们在一天当中不断努力进行自我调节，比如抵制诱惑、权衡利弊、抑制欲望、控制我们的想法和状态、遵守他人的规则，自我力量会不断损耗。鲍迈斯特认为，随着这种损耗的积累，人最终会达到一种自我耗尽（ego depleted）状态。

鲍迈斯特和其他研究人员研究了多种情况下的损耗。首先，他们研究了自控力，也就是我们为了实现某种目的或遵守某条规则，有意抑制自己冲动的努力。在研究中，他们常常使用巧克力饼干来诱惑研究对象。他们发现，努力抗拒巧克力饼干，会削弱人们随后抵制其他诱惑的能力。自控力就像油箱里的汽油，总有耗尽的时候。所以每到一天即将结束的时候，我们就会被耗尽，容易做出愚蠢的选择。

损耗现象不仅体现在自控上，它还适用于人们的多种自我调节行为。

它对我们做决策的影响最为明显。不论是买新车时从几十款车里选择一款，还是削减参加场外会议（off-site meeting）的人员，我们负责做出的决策越多，在处理后续决策时就越疲累。研究人员称之为决策疲劳（decision fatigue）。在这种情况下，我们要么会做出欠考虑的决定，要么会屈服于现状，什么都不做。因为决策疲劳，我们会在周二买东西，到周三一大早又退回去，因为周三刚起床的时候，我们还没有被耗尽，所以头脑更清醒；也正是因为决策疲劳，我们会犯上拖延的毛病。

在 2011 年对一个以色列假释委员会 1 100 项决定的研究中，研究人员发现，如果囚犯在早晨到委员会请求假释，有 70% 的成功率；而在傍晚请求假释，成功率却只有 10%。早晨和傍晚的假释申请流程没有任何区别，三位委员会委员也没有任何偏见或者恶意，差别只在于时间。委员们决定囚犯命运的热情在早晨就消耗殆尽了，所以到了傍晚，他们选择了完全不作决定的轻松做法：让 90% 的囚犯按部就班地服满刑期。

人们用自我损耗理论来解释各种消费行为，从为什么我们会寻求并接受促销员的建议（因为我们已经被耗尽，所以才会让陌生人帮助我们选择商品），到为什么超市把糖果和迷你瓶的能量饮料等小商品摆在收银台旁边（因为零售商知道人们在结账前已经进行了多次决策，到收银台时已经很难抗拒任何诱惑了）。

而令我感兴趣的是，损耗对人际行为和改变的能力的影响。如果购物、做决策和抵制诱惑都是损耗，那么其他行为上的挑战就更应该算是损耗了（而且研究也证实了这一点）。

整天面对不好相处的同事是损耗，装模作样地对一个你看不上的领导者保持顺从是损耗，过多过重的任务是损耗，在别人反对你时努力说服他们同意你是损耗，在别人讨厌你时努力让他们喜欢你是损耗，克制欲望和控制情绪也是损耗。

然而，和身体上的劳累不同，我们常常察觉不到精神上的损耗。它不像进行剧烈的体力活动，会让我们感到肌肉疲劳，主动休息。损耗和紧张一样，是看不见的敌人。除非有人发明一种身体检测仪，告诉我们精力已经耗尽，否则我们无法衡量它，也无法知道它在怎样折磨我们，影响我们的行为，以至于让精力耗尽的我们做出糟糕的判断和不合时宜的举动。

除了参与损耗性的活动之外，还有另外一个方面的问题：我们应该怎样在损耗的影响下行动？做损耗我们的事情，和在被耗尽的情况下做事是两码事。前者是原因，后者是前者产生的影响。

这种影响不可小觑。在损耗的影响下，我们更容易表现出不恰当的人际行为，比如废话太多、暴露个人私密信息、傲慢自大等；我们更难遵守社会规范，更可能去骗人；我们更不乐于助人，更加好斗。自控就意味着自控力的损耗。我们还会更加消极。当我们的智力资源被耗尽时，我们会更容易被他人说服，更难想出反驳的观点。

从根本上来说，随着一天的时间流逝、损耗渐增，我们试图控制的所有天性都有爆发的可能。并不是说这些天性都会变为实际行动，但它们已在我们体内蠢蠢欲动，等待适当的诱因。

别在醉酒时滑雪

本书的一个核心观点就是，环境无时无刻不在以强大、隐蔽而又奇妙的方式影响我们。损耗就是环境带来的风险之一。我不想过多描述损耗的影响，或者危言耸听地把情绪形容成定时炸弹，一旦所谓的自我力量消耗殆尽，它就会立即爆炸。

正如"压力研究之父"汉斯·塞利（Hans Selye）在1936年对紧张情绪的发现一样（人们很容易忘记，医生们曾经如此忽视紧张和疾病之间的关系，毕竟前者是身体对某些需求做出的反应），意识到自己的损耗是一种重新认识世界的方式，它让我们看到在长时间的自我压抑之后，人体产生的本能需求。

一旦我们打开视野，新的行动方案就会立即浮现在眼前，而且大部分方案都很清晰，比如我们可以开始跟踪自己一天的损耗。虽然我们无法量化损耗，甚至觉察不到它，但可以汇总一份清单，列出哪些行为产生了损耗，哪些没有。

在海边待一天，除了涂防晒霜之外，没有烦恼没有忧愁，这可能是低损耗的；一整天都在山里徒步旅行，尽管损耗了体力，但精神是悠闲的。还有很多需要我们做出选择的事情是低损耗的，比如粉刷孩子的房间，或者探望住院的朋友。

而花费大量时间接听客服电话，在我们找不到丢失的行李或者没能纠正一个账单错误时依然保持礼貌，则很有可能是高损耗的；听到小舅子或者邻居发表一些白痴言论时，努力保持缄默，也是高损耗的；在他人固执己见时控制自己破口大骂的冲动，应该是高损耗的。

我们的精神就这样一点点被损耗，所以到了晚上，我们就发挥不出最佳水平了。当有人说我们辜负或者惹怒了他们时，我们会道歉说："我今天太忙了"，或者"我已经累了"。这正是因为我们认识到自己已经耗尽。

汇总我们的损耗事件，可以让我们更清楚地看到，自己在一天结束时会变成什么样，我们的意志力会衰减多少。就像开车时要监督自己的饮酒量一样，如果要在损耗的影响下行动，我们必须保有一点自知之明，以提醒自己怎样做是有风险的。

很明显，在晚上做重要决定是一种风险。因此，不要在下班后会见你的财务顾问，决定怎样投资。在精力衰竭的时候投资，就和在醉酒时滑雪一样危险。要把投资当成你一天当中的第一项损耗，在你的"油箱"满满的时候做决定。

下班后回到令人恼火的家里也同样有风险。如果你曾一进家门就因为地上凌乱的玩具、混乱的书房，或者没有遛狗而责备家人，你就会知道损耗的力量了，其实那些诱发你生气的环境完全无关痛痒。你可以选择幸福快乐地与家人相处，也可以选择让大家都难受。在意志薄弱的时候行动，你就是会做出错误的选择。

战胜损耗的方法就是做规划。规划能以一种神奇的方式，减缓自控力的损耗速度。有了规划，我们就不必再做那么多选择，按计划行动，就不会那么快被耗尽。

艾伦·穆拉利在每周四召开规划程度很高的商业规划评审会时，一定从直觉上认识到了这一点。成绩显著、头脑聪明的高管们在一场会议中要做很多选择：说什么话，质疑或打断谁，以什么形式汇报工作，忽略哪些东西，表现出怎样的合作或强硬态度等。哪怕是和熟悉的同事一起开会，做出这些选择也会消耗精力。艾伦的规划把所有这些选择都甩开了，从而保护了福特公司管理团队的精力。

他们从早上8∶00开始开会，常常会持续几个小时。如果任由那些高管天马行空地发言，那么到最后一个小时，他们的集体损耗就会非常大。艾伦的规则限制了这些，也减少了他们的损耗，使他们的"油箱"一直都满的，帮助他们保持最佳的清醒状态，而他们却并不知情。

规划多多益善

如果我们给自己足够的规划，就不需要刻意自律，规划会帮我们做到。虽然我们不可能刻意规划好每一件事，任何环境都不会那么完美，但是我们所有人都在某些时候需要某些方式的规划。

例如，七天药盒是数百万每天吃药的美国人的宝贝。它解决了医患关系中的一个主要问题：患者是否按要求服药了。比如我们周四早上醒来，就吃"周四"格里的药，不用怎么花精力就做到按医嘱服药了。我们把七天药盒看成一件便利的工具，但是从另一个层面上来说，它也是自律的一种规划替代品。有了它，我们就不必每天都惦记着吃药的事。

我们或许不会留意自己向生活中注入了多少与损耗做斗争的规划。当我们遵循雷打不动的起床习惯时，当我们写下会议日程时，当我们每天上班前都光顾同一家咖啡店时，当我们在打开电脑写作前清理凌乱的书桌时，我们都是在按照规划做事。因为这些规划解决了很多问题，让我们消耗较少的能量就能达到自律的效果。

在生活中，规划多多益善。我在工作时只穿卡其裤和绿球衣（为了增加我摇摆的时尚感）；我聘请一位女士每晚给我打电话进行每日问答（为了强化我的自知之明）；我把所有出行决策都委托给一位助理，而且从不怀疑她的选择（为了规划我的时间）。这是一个极为诱人的方程式：我的规划越多，需要担心的事情就越少。我心理上收获的平和远远大于我损失的那一点点自主权。

我承认，并非每个人都像我一样愿意牺牲自己对生活的控制权。有些人喜欢特立独行，他们反感任何强加于人的规则或固定流程，好像他们自发的自律从道德上、审美上都比外来的约束要高级。我理解他们。我们都热爱自由，但只要想到规划给我们的行为带来的好处，我就不禁想问："为什么有人会拒绝多一点规划？"

最不想要帮助时，恰恰最需要帮助

当规划与行为习惯相遇时，就会产生一个悖论。我们依靠规划来控制生活中可以预见的部分，我们知道自己接下来应该去什么地方、执行什么任务、遇见什么人。因为在日程表里或脑子里有这些内容，所以我们可以为之做准备。我们有规划，比如恰当的礼仪规范和个人原则，它们能指导、约束我们。当我们预见到某些事情即将发生时，一般都知道应该怎样应对。但在日程表之外、在我们完全没留意的人际交往过程中，又该怎么做呢？烦人的同事、吵闹的邻居、粗鲁的客户、焦躁的顾客、令人担心的孩子或不尽如人意的爱人，都可能需要我们的临时关注，而我们既没有为此做准备，也没有处于应对这些人的最佳状态。如果这些事在错误的时间突然发生，我们就不得不在损耗的影响下应对，而结果往往也不尽如人意。

悖论由此产生：在我们最不想要帮助的时候，反而最需要帮助。

周围的环境中充满了意外，会诱发我们不寻常的反应。结果，我们的行为和利益相违背。更多时候，我们甚至都不会意识到自己产生了不同寻常的反应。我们缺乏处理扑朔迷离的人际问题的规划工具。（如果有哪款手机 APP 能解决这个问题就好了，它可以在必要的时候响铃提醒我们：你现在处于易怒情绪中，请保持冷静。）

德里克是我的朋友，我记得几年前，他59岁的父亲在一次常规外科手术后意外去世。这对德里克无疑是一个沉重的打击，但是一周后，他安慰好母亲，处理好父亲的后事，重返工作岗位，看起来和原来的他并没有什么区别。然而，在接下来的六个月里，他遭遇了前所未有的职业危机。他的两个最大客户离开了他，两位重要员工跳槽去了竞争对手那里，还有两个项目被取消了。他花了三年时间才重整旗鼓，恢复了原来的收入和地位。

当被问起他工作中的这段黑暗时期时，德里克说："这个故事很简单。父亲是我最爱的人，他去世了，我深受打击。所以我的行为就像是一个受到打击的人一样。我忽视了一些重要的人，忘记了一些截止日期，没有打一些应该打的电话。结果，他们很快终止了与我的合作。是我造成了这些损失，现在我终于认识到了这一点。"

德里克没有给自己的行为找借口，试图把它们合理化。在这段黑暗时期以前，他在工作中的表现堪称完美。父亲的突然离世诱发了他粗心大意的工作习惯，同时他也没有处理好自己的丧恸。社会习惯为一位亲人去世所提供的规划是：葬礼、哀悼期、悲伤咨询师、支持群体和治疗师，恰好对应了伊丽莎白·库伯勒－罗斯[①]所提出的哀悼周期的五个阶段（否认、愤怒、协商、沮丧、接受）。但德里克没有接受任何心理疏导规划，他只是在事后承认了自己的困境。在最需要帮助的时候，他并没有得到任何帮助。

[①] Elisabeth Kubler-Ross，精神科医师，国际知名生死学大师。她改变了数百万人处理死亡、面对临终病患的方式。曾接受超过25个荣誉博士学位，所写的著作已有二十种不同语言的译本。——译者注

"假设式"测验

下面我们放松一点，把话题从亲人不幸离世所诱发的影响，转移到更普通的人际交往问题上。也就是我们常常会因为缺乏规划而做出不合时宜的举动。那么我们究竟需要哪种规划？

这种规划应该是简单的，它首先要预料到环境对我们的偷袭，其次还要能诱发我们明智而有效的反应，而非愚蠢的行为。我建议，可以把每日问答改造为一种简单的规划。在每日问答的过程中，我们需要为自己的努力打分，以提醒自己时刻保持警觉。

例如，想象你必须参加一场一小时的会议，这场会开得不得要领、无聊透顶，简直就是在浪费时间，还不如回去干些"真正的"工作（也就是开会前你一直在做的工作）。你完全不想掩饰自己对这场会议的感觉，光明正大地把不高兴挂在脸上，告诉别人你宁可到其他任何地方干活，也不愿意坐在这里。

你懒洋洋地坐在椅子上，拒绝任何眼神交流，在记事本上随手涂鸦，只有在被点名的时候才发言，马马虎虎说几句敷衍了事。在会议结束的时候，你第一个走出房间。你刚刚的目标是熬过这一个小时，你做到了。

现在想象一下，假如在会议结束时你进行一项自我测验，提问自己四个有关这一小时的简单问题：

1. 我是否尽最大努力追求快乐了？
2. 我是否尽最大努力探寻意义了？
3. 我是否尽最大努力构建积极的人际关系了？

4. 我是否尽最大努力全身心投入了？

如果你事先知道要进行这项测验，你会有哪些不一样的做法，以提升你在这四个问题上的分数？我曾向数千名高管提出这个问题。以下是一些有代表性的答案：

◆ 我会以积极的态度参会；

◆ 我不会盼着别人把会议开好，而是会主动做些什么把会议变得有趣；

◆ 我会尝试以某种方式帮助发言者，而不是默默地在心里批评他们；

◆ 我会事先准备几个有意义的问题；

◆ 我会尽量让自己在会议过程中学一些有意义的东西；

◆ 我会努力和其他参会人员构建积极的联系；

◆ 我会认真开会，把手机放在一边。

每个人都能给出几个积极的答案。这就是事先知道要测验所带来的激励效果。它让人们在一场无聊的会议中坚持与自己对抗，高度重视自己的行为。测验的预期诱发了一种自然的欲望，让你想去努力表现得更好，比如在快乐、意义、投入度、人际关系等方面获得高分。如果半途而废，我们只会觉得自己像个傻瓜。

所以，我提出这样的激进建议：从现在开始，每次开会都要告诉自己会后要接受这样的测验。你的意志会因此感谢你。你开会的这一小时是你生命中再也不会重来的一小时。如果你觉得苦不堪言，那么它就是你的痛苦，而不是公司或其他同事的痛苦。为什么要浪费这一小时去心不在焉或者愤世嫉俗呢？承担起自己投入生活的责任，你就会对你的公司做出积极贡献，同时也开始创造一个更好的自己。

把这项测验当成你改变行为习惯的一个思维转折点吧。测验通常是一种事后行为，先看表现再打分，而我所提出的假装自己要接受测验的概念则倒转了这个顺序。它虽然叫"假装"，却并非欺骗，也不是什么花招，而是已经被诸多成功人士认同的规划。就像检察官永远不会问出他们自己也没底的问题一样，你在做这项测验时，也早已用自己的行动准备好了答案。发现自己正在参加一场浪费时间的会议时，提醒自己会后要接受这样的测验，就等于是在你最需要帮助的时候，对自己伸出援手。

每日问答强化版：每小时问答

在看到这个标题时你可能会问："为什么每个小时都要测验？为什么不能把小时串联起来，把自我测验列入一整天的规划？"在任何情况下，我们都可以选择生活在三个维度中的一个：过去、现在、将来。当我们在一场枯燥会议中饱受折磨时，其实是在做两件错事：

◆ 沉溺于过去，回忆从前参加过的无聊会议，心里满是悔恨沮丧；

◆ 思考未来，所以对现在一点都不耐烦，毫不关心谁在发言，稀里糊涂地把会开完。

如果知道自己在会后要接受测验，哪怕只是假装的测验，我们也会强迫自己活在当下。我们会留意自己和他人的行为，因为我们知道，一会儿我们就要对自己的行为负责。现在是最理想的环境。正是在现在，我们把自己塑造成了理想的自己。我们无法在过去做这些事情，因为已经过去；也无法在将来做这些事情，因为它还没有到来，只是出现在我们的脑海里。任何事情，只能在现在做。

把每日问答调整为每小时问答，创造了一种强大的规划，它把我们定位于现在。还记得上一章中格里芬遇到的"冰块叮当响"问题吗？解决那个问题一年以后，格里芬又带着另一个问题来找我。他住在纽约市，但是在新罕布什尔州的一个湖滨社区还有一栋度假别墅。多年来，他和妻子与几位邻居都结为了好友，他们都是当地的新英格兰人。每当这些新罕布什尔邻居难得来到曼哈顿时，格里芬就会盛情邀请他们到自己位于上西区的家里做客。格里芬的三个孩子都已长大成人离开家，所以家里有空余房间，很方便让这些客人过夜。格里芬喜欢当一个慷慨的主人，直到一次意外事件的发生。格里芬是这样说的：

在新罕布什尔，我们和邻居们来往很多，在湖边大家都这样。所以我们很期待能在纽约与他们重逢。他们是吃苦耐劳的新英格兰人，不经常来纽约。

但是连续接待到第三对夫妻之后，带他们旅游成了一件无聊的事情，因为我总是在重复同样的名胜游览路线：国会图书馆、"9·11"事件遗址、纽约现代美术馆、美国自然历史博物馆。我们去高线公园、SOHO商业区和布鲁克林散步，看音乐剧，到高档餐厅吃饭。

我们的家在纽约，所以当我们去百老汇看演出或者去博物馆时，是因为我们想去那里欣赏艺术，而不是因为想看看这座城市的新鲜玩意，着急要把有名的地方都逛一逛。我对最后这对客人抱怨不已，结果伤害了我们之间的友情，我妻子也觉得我这样不太好。

马上又有一对夫妻要来格里芬家做客三天，他担心如果对方停留太久，就又得背叛自己的真实感受，最终毁了对方的兴致。（从损耗的角度来说，他的自控力将会耗尽，最终变得易怒。）他对自己创造的这种环境懊悔不已。客人停留的时间越长，他就越觉得这像是一种入侵。格里芬这种情况和参加一场可怕的会议差不多：他需要把一种自己所畏惧的环境变成一段积极的体验。

格里芬用自我测验来约束自己。他坚信每日问答的力量。

"把每天变为每小时，"我对他说，"当你和新罕布什尔的朋友在一起时，不妨给自己准备几个尖锐的问题，每个小时都测验一下你的好客热情保持得如何。"

"只有一个重要问题，"他说，"我是否尽最大努力招待朋友了？"

朋友到来时，格里芬已经准备好了。格里芬把智能手机设置为每小时定时振动，提醒自己考虑这个简单的问题：我是否尽最大努力招待我的朋友了？每小时问答为他提供了一种规划，指导他的行为，让他保持热情。因此，当他在布什维克街区一家时尚比萨店的人群里挤来挤去时，或者在半年内第三次到美国自然历史博物馆中的海登天文馆排队时，都在被这个问题提醒着，这项问答贯穿全天。在这个测验中，格里芬也许会成功，也许会失败。再一次在纽约城周游了10个小时后，他做出了这样的总结：

> 我原以为这像马拉松长跑一样，得不断调整步伐，从开始时精神饱满，到最后筋疲力尽地冲过终点线。当我感到沮丧或怨恨时，是每小时问答拯救了我。
>
> 在三四个小时之后，我变得更加精神百倍。手机一振动，我就要反思我的行为，如果我做得不错，就会在心里庆祝一番，然后继续加油。一天结束时，我原以为自己会非常劳累、很不开心，但结果是我依然保持了当天开始时的状态。这真是美妙的一天。

格里芬的故事看似违背了损耗的概念，但这种情况在我看来是有意义的。他知道自己每小时都要接受测验，而且希望自己能在测验中表现良好，这意味着他若想满足自己的愿望就别无选择。规划消除了他的负面情绪。没有选择，就不需要自律，就不会有损耗。

另外，当我们决心要好好行动，最初几步也很成功时，往往会产生一种自我实现的动力，这时候我们就不必付出艰辛的努力才能做好,格里芬称之为"恒速状态"(Cruise Control)。就像减肥一样,如果能在前四天抑制住自己抗拒减肥的冲动,之后就不太容易倒退回去。我们不想浪费已经投入的行为产生的收益,好行为成了我们不愿牺牲的沉没成本。

就这么简单吗?就这么简单。规划越简单,我们就越可能坚持下去。每小时问答的简单程度毋庸置疑。它由以下几个平滑过渡的步骤组成,实际上我们很少会把这几个步骤分开来看:

1. 预 测

成功人士一般都善于预测,他们会提前意识到在什么环境下自己的最佳行为习惯会遇到风险。他们很少会被一场磨人的谈判、可怕的会议、或者挑战性的对抗所袭击。在迈入房间之前,他们就已经知道自己要进入什么环境了。因为没有更好的词语描述,我把这种感觉称为预警,就像运动员一样,在走向赛场之前,需要高度警觉的思维,所以他们在更衣室里就会调整好精神状态。

2. 承 诺

成功人士不会在一件事上犹豫不决。选择每小时问答作为一种规划并设计专门的问题,是一种承诺机制。它与单纯的希望的区别在于,后者是思考一个目标,而前者是把目标写下来。

3. 警 觉

如果我们忽视了环境的影响,就很容易受到环境突变的伤害。

每小时问答可以精准、规律地刺激我们的意识，让我们加倍警觉。我们没时间忘记自己的处境，或者从目标上分心，因为60分钟之内下一次测验就会到来。

4. 打　分

给自己的表现打分，会增加我们对自己有意识行为的反思。它是一种令警觉翻倍的力量。一个人独自做一件事是一种状态，在被人监督的情况下做又是另外一种状态。当我们被他人观察、评判的时候，会更加自觉。每小时问答就是那个观察、评判我们的人。

5. 重　复

每小时问答最精华的部分在于它的重复频率。如果我们在某一小时得分较低，下一个小时就有机会改善。就这样，规划当中嵌入了改进行为的机会。

每小时问答的时效很短。如果指望它来战胜某些长期的行为挑战，比如把自己重塑为一个更好的人，那将是不切实际、耗神费力的，而且必然会带来损耗。尽管变得更好也需要精准的自我警觉，但是对于一个能带来长期持久回报的目标来说，每天或者每周检查就足够了。坚持每日问答，若干个月之后就会渐渐看到收获。这不是一朝顿悟成神，而是一段长期的心灵之旅。

何时应用每小时问答

每小时问答是为短期游戏准备的，适合在我们需要自控力突然爆发，以实现在某些特定时间内约束自己的行为冲动的时候。对此，我想到了两种普遍情况：

第一种是可怕的事件，这不仅包括可怕的会议或者宾客来访的周末，还包括所有诱发我们悲观心理和无心之失的环境。它可能是一场伤感的公司集体退休会，或者一个与很多亲戚共度的忙碌感恩节，抑或是孩子学校召开的令人失望的家长会。如果我们参与这些活动时不用任何规划来约束自己的言行，悲观心理就会成为一个自我应验的预言，我们就会给自己制造出那些不愉快。每小时问答是一种平息悲观心理的规划。它就是我们的选择。

第二种情况就是人，那些因为他们的性格和行为干扰我们的人。他可能是高嗓门的同事，或者用六种不同方式复述同一种无用答案的客服人员，或者是当地学校董事会中吹嘘无所不知的家伙，或者是在超市里站在你前面，带着 20 件商品堵在 10 件商品以下快捷通道的购物者。我们都见过这样的人，受过他们的干扰。在这些时候，我们往往会难以忍受他们的愚蠢和固执，而每小时问答则给我们带来了一种新的约束。

讽刺的是，我不靠每小时问答来对付那些可怕的事件和讨厌的人。恰恰相反，我要应对的挑战，实际上都是我真正追求的事物和我实际喜欢的人。

例如，假设我和十位最喜欢的客户在一家顶级餐厅共进晚餐。我不知道，也没有去了解有多少人会在这种场合感到恐慌。我在这样的环境中遇到的挑战，就是暴饮暴食和控制食欲的问题。

在这种完美的环境下，面对满桌美食，我需要帮助自己克制，但是和好朋友在这种愉悦的氛围中我更加脆弱。客户营造的这种环境，令我更容易放弃自律，过度放纵；而它又恰好发生在晚上，这时候损耗最严重；食品和饮品都很丰盛，给我创造了机会；周围洋溢着欢乐的气氛，也放大了我自己的欢乐，进一步削减了我的自控力。我对自己说，生活很美好，为什么不享受这一刻呢？记得我在前文说过的话吗？我们在最不想要帮助的时候，恰恰最需要帮助。

对我来说，这就是每小时问答应该发挥作用的时刻。我知道自己在这些情况下是脆弱的，所以尽量多想一些规划来武装自己。我告诉自己："不要吃那美味的甜点。"

有时候，我会和坐在旁边的人约定：我们两个都不要屈服于甜点的诱惑。有时候，像奥德修斯用蜡堵住船员的耳朵一样，我会告诉服务员，如果我试图吃甜点，请不要视而不见。但即使这样，我依然需要最重要的规划元素，即每小时用一个问题测验自己：我是否尽最大努力享受与客户们共处的时光而非食品了？

我做不到始终表现完美，有时我还是会忍不住吃甜点。但我没有忘记提醒自己："我不是这个环境中无辜且无知的受害者。"不论我怎么做，都要睁大双眼，有意识地做出选择。甚至当我给自己打中等分数的时候，也是在强化自己的自律意识，也是一种收获。

在敏感环境中实施这种自我测验越多，我的警觉性就越强，最终它会成为我个性的一部分。我愿意带着这种持久而有意义的改变生活下去。你呢？

避免掉入"差不多"陷阱

行为习惯改变中没有什么绝对可言。我们永远做不到百分之百的耐心、慷慨、同情和谦虚（随你任选哪种美德都是如此）。这并不丢人。我们能指望的最好结果就是通过不断努力、坚持不懈的奋斗，让他人更容易宽恕我们的不足。

例如，你和一位朋友约好一起吃午饭，一贯守时的她却迟到了，她最后来到时，诚挚道歉让你久等了。这时候，你是会坚持不肯原谅她，把这当成你们友谊中的一大污点，还是会想起她极少迟到，选择原谅她呢？我想，你会和大多数人一样选择后者。

尽管她这次意外迟到，但是因为她的一贯表现，你还是会给她冠上守时的头衔。一次偶然的迟到，只能令她这种美德和长期努力更加鲜明。如果双方角色互换，你同样希望对方也能原谅自己。你知道，这世上没有百分之百实至名归的声誉，哪怕是我们当中最圣洁的人也没那么完美，谁都难免有把事情弄糟的时候。

令人担忧的是，如果我们停下了努力的脚步，迟到就会越来越频繁。当我们开始满足于"差不多"时，就开始仗着以前的好名声吃老本。

"差不多"不见得总是坏事。在生活中的很多领域，追求完美都是徒劳的，或者至少是对我们时间的低效利用。我们不需要花几个小时品尝美食家厨房里的每一种芥末酱，寻找其中最美味的一种，一个差不多的品牌就够我们抹三明治吃了。

在大多数情况下，我们都会搁置自己吹毛求疵的想法，满足于

"差不多"。经济学家赫伯特·西蒙（Herbert Simon）称之为"满意度"（Satisficing），指我们倾向于把日常选择当成挑选商品，不值得花费时间或精力去追逐最后那一点点改善，因为那一点点改善并不能显著提升我们的幸福感或满意度。

在挑牙膏、洗衣粉、爱情小说或者外卖时，我们都是这样选择的；而在选择银行或者信用卡时，我们会做出看似严格的选择；在挑选会计师、律师，甚至牙医、眼科医生、全科医生时，我们也会这样做。但实际上，我们这些选择也是随机做出的，而不是在一大堆选项中进行系统化搜索，寻找出的最佳选择。

我认为，在选择居住地点时，我们也会满足于"差不多"。每个人都会抱怨天气，但是如果我们真的在乎完美的气候，就会都搬到圣迭戈（那里有美国最宜人的气候），或者科罗拉多州的博尔德（那里一年有310天晴天）。可见，在选择环境时，大多数人也会满足于"差不多"。

到了紧要关头时（比如决定申请哪所大学），或者生命攸关时（比如找一位神经外科医生），我们会更挑剔一些。但是考虑到申请排名前100大学的人不到2%，二流的外科医生也从来不缺病人，可见在这些重大抉择中，我们也会满足于"差不多"，而且效果也还不错。虽然耶鲁大学没有录取我们，或者给我们做手术的医生没有得过诺贝尔奖，但这也没有毁掉我们的生活。

当这种"差不多"的态度超出市场选择的范畴，被注入我们的言行时，问题就来了。

三明治上抹哪种芥末酱可以差不多。但在人际交往中，当我们谈起一个人如何对待他的妻子，或者如何对待年迈的双亲，又或者如何对待对他寄予厚望的朋友时，差不多的标准就太低了。这时候，我们自己的满意并不可取，它既不能让别人满意，事实上也不够好。它只会让别人失望，在本应和谐的环境中制造苦恼，极端情况下，甚至会彻底破坏人际关系。

四种诱发"差不多"行为的环境

让我们看一看几种诱发差不多行为的环境：

1. 当我们的积极性比较边缘化时

在许多方面，本书是写给那些积极性边缘化的人的。我和我所指导的人都是常人，或许你也是。从理论上来说，积极性爆满的人不需要帮助，就能找到做好一件事的方法，包括变成更好的人。他们的字典里没有"差不多"。

我们知道高积极性的样子，每个参加过华丽婚礼的人都见识过。没有什么能超过一位新娘准备婚礼的动机，因为严重的强迫症和对细节的关注，她们拒绝接受"差不多"，她们有无限的毅力去坚持减肥，最终穿上比平时衣服小两号的结婚礼服。（不妨想想游泳名将菲尔普斯为了在北京奥运会上夺取八枚金牌，努力训练时的积极性。新娘们减肥的积极性是他的两倍。）如果你能够控制这种能量，就不需要继续往下读这一节了。

我们能立即辨识非常努力的人的积极性，比如在我们回家后依然在加班的助理，或者离开电视机走进自己房间写作业的女儿。我们能看出她们的努力，佩服她们，因为能看到有人能一脚踢开"差不多"的诱惑，总是鼓舞人心的。

尽管很少留意自己边缘化的积极性，但是我们也知道它的样子。当我们做一件事的热情下降或妥协时，当我们无力抵抗平庸时，就是边缘化积极性在作祟。

技能是为我们提供积极性的原动力。为了做一件事，我们拥有的相关技能越多，就越容易把它做好；越容易做好，我们就越乐在其中；越是乐在其中，我们继续做它的积极性就越高涨，哪怕这任务很费神（比如解决一个棘手的技术问题），或者很费力（比如全速游泳）。只要我们擅长做这件事，就会不顾代价和风险一头扎进去。

我们有很高的积极性做自己喜欢的事情，这是说得通的。做得好能带来回报，这把我们置入了一个不断强化的反馈循环中。如果在牌桌前大赢特赢，我们就会继续玩下去。面前不断累积的筹码，会确定无疑地告诉我们，现在不应该收手。

但我们往往会忽视事情的另一面，在技能不足的时候，实际上就注定了我们做那些事的边缘化积极性。如果一直没有人提醒，我们就会忽视技能低下与热情不高之间的直接联系。

我曾问一位CEO："什么会让你快乐？"

他毫不犹豫地说："高尔夫球打得更好。"

我不知道自己希望他说什么，或许是有关世界和平或者终结饥饿之类的大事业，但他绝非我第一个痴迷高尔夫球的客户。

"你现在打得好吗？"我问道。

"其实不算好。我的技术不至于让自己尴尬，但也没什么进步。"

"你多大年纪了？"我问道。

"五十八岁。"

"你上高中时体育怎么样？"我继续问。

"还算可以。我当时是游泳队的。"

"你喜欢锻炼身体吗？"

"我更喜欢和朋友们一起出去玩，纯娱乐。"

"那么，你现在五十多岁了，历史上没有哪个运动员到了这个年龄以后，表现会比五十岁之前更好。你的手眼协调能力在下降，所以你缺乏打高尔夫的先天技能。而且你不喜欢锻炼，而锻炼对提升球技很重要。可以这样总结你的情况吗？"

他点点头表示同意。

"我的建议是，享受这项运动，不要急着打得更好。你以后的目标不是把高尔夫球打得更好。"

我其实就是在告诉他，差不多就行了。这听起来似乎有悖本章的主题，但是也说明了一个重要因素：如果我们缺乏执行一项任务所需的技能，就会急剧削弱我们执行这项任务的积极性，某种形式的"差不多"就会成为我们的最佳选择。它并不理想，但总比拿自己开玩笑好，也胜过先误导别人充满期待，再给出蹩脚的表现，让他们在一些小事上失望要好。边缘化积极性会产生边缘化的效果。

我们还低估了目标质量对我们积极性的影响。有时候我们没有实现新年目标，是因为我们的目标是边缘化的，所以我们也只会用边缘化的积极性去努力。我们没有瞄准那些核心事务，比如搞定一项可恶的工作，而是瞄准了"报一个班""多旅游"这样模糊不清、空洞的目标。再强调一遍，边缘化的目标只能诱发边缘化的努力。

最后，我们没有认识到，最开始的一点成果会非常迅速地把我们的积极性边缘化。这是"差不多"思维自发产生的一种看不见的诱惑。我有时候会在客户身上看到这种情况。他们开始时对人际关系目标豪情万丈，稳步前进6~8个月以后就开始减速。因为他们自以为已经解决了问题，所以不必再投入那么多精力。

我的工作就是要告诉他们，他们看到的终点只不过是海市蜃楼。他们并不能确定自己是否变得更好，只有他们周围的人才能确定这一点。了解了这个事实后，他们就会重新振作，继续保持积极性。

提示：如果你因为缺乏相关技能，或者没有认真对待，又或者觉得自己做得已经差不多了，从而自动降低了完成一项任务或一个目标的积极性，那就找一些别的理由，让世界看到你是多么在乎那个目标。

2. 当我们在做志愿工作时

我在前文提到过对弗朗西斯·赫赛尔本的崇敬。她曾做出的一项举动，堪称我们的行为典范：

几年前，赫塞尔本收到了一份白宫的邀请。但是她之前承诺在丹佛市为一个小型非公益团体做演讲，演讲时间与去白宫赴约的时间相冲突。是去面见美国总统，还是去丹佛做一场免费演讲？对于大多数人来说，这根本不需要考虑。我们会给丹佛演讲的举办者打个电话，解释一下情况，请他们另外安排一个时间，或者承诺明年再来。毕竟这是志愿工作，我们是在给他们帮忙，他们肯定能理解。

但赫塞尔本选择了另外一种做法。她告诉白宫方面，自己无法赴约。"我已经答应了他们，"她说，"他们在等着我。"而真正打动我的，也是她的品质中最为可贵的部分：赫塞尔本从来都没有告诉丹佛方面白宫的邀请。

大多数人都相信自己和赫赛尔本一样恪守诚信，但经验却告诉我们并非如此。当我们发现自己有借口不尽全力去做志愿工作时，多数人会把这种借口当成难得的救生索紧抓不放。

我所说的志愿工作，不仅是指利用专业知识做公益（比如一个高级律师免费为公益组织做代理），还包括个人选择的所有无偿活动，不论是指导孩子们的橄榄球队，还是去救济中心洗盘子，不论是监督本地高中里的高危青少年，还是答应去做演讲。我们有时会把无偿等同于我们的承诺水平，认为自己既然可以伸出手来帮忙，那么在不方便的时候也可以抽手退出。就这样，我们原本高尚的意图退化成了差不多的结果；就这样，我们的诚信被妥协了。

诚信这种美德，要么有，要么没有，就好像没有半怀孕的情况一样，也没有中等高尚这回事。我们需要信守自己做出的任何承诺，才能表现出诚信。

仅仅是不辜负那些明智的承诺，那些我们到场尽最大努力就能获得明显报酬的事，不需要诚信。真正的考验，在于那些"愚蠢"的承诺，那些我们起初不想做却勉强答应的事，只有在这些事中全力以赴，才算是诚信。我们知道应该做某件事，但是遇到环境的挑战之后，比如太过疲惫，或者事情太多，或者我们有了更好的选择，或者履行承诺的代价比我们预想的要大，或者白宫送来了一份更有魅力的邀请，我们就会更多地考虑自身情况，抛开那些寄希望于我们的人。

  提示：志愿只是个形容词，不是借口。如果你认为帮别人忙就不必尽力，那你就没有帮到任何人一点忙，包括你自己在内。人们会忘记你曾经的承诺，只记得你的实际表现。这就好像一家餐厅为无家可归者提供食物，但是送出的都是过期下架的食品和残羹剩饭，饥肠辘辘的人只能勉强下咽。餐厅老板或许以为自己很慷慨，觉得随便捐点东西聊胜于无。但聊胜于无还不如"差不多"，在我们履行承诺时，"差不多"总是差很多。

3. 当我们像"业余选手"一样时

  在和客户丹尼斯合作一年以后，有关他的改进报告令我大吃一惊。丹尼斯遇到的问题是大部分高管的通病：太需要赢。我第一次和丹尼斯见面的时候，他好斗的讲话风格就彰显了这一点。他总是咄咄逼人，令同事和下属难以招架。不过，他在公司 CEO 和重要客户面前并不如此，这让他在争强好胜之外，又添上了虚伪和拍马屁的坏名声。丹尼斯与我合作后很快有了好转（他好胜的心理肯定有所帮助，因为他不愿在同事面前丢脸），但是他并不快乐。在我们的定期电话沟通中，他总是抱怨妻子。他缺乏绅士风度，似乎从他傍晚下班回家到第二天早上去上班，一直都在与妻子吵架。办公室成了丹尼斯的避难所，而在郊区的家却成了他和妻的战场。

我并不经常干涉客户的个人事务，但是丹尼斯表现出来的这种两面性却令我难以忽视。他在工作中的行为得到了改善，彬彬有礼、宽容大度、谨慎发言，在家却完全是另外一个样子。我目睹了他在这一年里养成了高僧般的耐性。他成了三思而后行的专家，不必时时处处维护自己的支配地位，也不介意偶尔被几个傻瓜打扰。但是很明显，他在家不是这样的。

我们第二次见面的时候，我问起他这件事："为什么你能在工作中拿出最好表现，回家就变回了老样子？"

"在工作中我必须体现专业素质，"他说，"你的反馈教给了我这一点。"

"那在家又该如何呢？"我问道，"和家人在一起，就可以当业余选手吗？"

丹尼斯一下子哑口无言，眼泪慢慢渗出。我触及了他的要害，但我没想到如此深刻。丹尼斯使用的"专业"一词，解释了我多年以来见到的很多不和谐行为。我们在家里的某些行为，换到工作环境中连我们自己都无法容忍，谁没有见过这样的情况呢？有时候我们只是做了件蠢事，没有什么危害，比如沟通时心不在焉；但还有些更伤人的行为，比如沉默寡言、孤僻冷漠、暴躁易怒等。如果把这些行为从家里带到工作中，就会毁掉我们的职业生涯。所以我们多半不会这么干。

在工作中，我们有各种各样现成的规划，帮助我们保持专业性，正式的规划包括绩效评估和例会，非正式的规划包括公司网络社区里的流言蜚语和同事们的闲聊。此外，还有一些强大的动机敦促我们时刻保持专业性，比如金钱、地位、权力等。

在家里，不论我们是独居还是和家人一起住，这些规划和动机都会消失。我们无拘无束，放任自己成为任何想成为的样子。而且我们并不是每时每刻都志存高远。

丹尼斯就遇到了这样的事情。他在工作中殚精竭虑、追求最高标准，在家里却甘当业余选手，满足于"差不多"。他在工作中非常努力地成为更好的人，却从来都懒得把这种努力投入到家庭中，虽然家人似乎比同事更重要。丹尼斯突然发现自己竟然是个业余丈夫或者业余爸爸，这不是他理想中的自己，所以他哭了。

多数人每天都会在不知不觉中陷入"业余"或者"专业"的陷阱。我们不仅会在家庭和工作之间选择，在一项工作和另一项工作之间也是如此，特别是在那些不能表现出我们自己理想状态的方面。

我曾在一家医疗公司的全员大会上发表演讲。在我之前讲话的那位CEO讲了45分钟。他的演讲并不精彩，只是在念别人写的稿子，在大屏幕上播放了几张幻灯片，很少看下面有没有在认真听，从头到尾都没有换过音调，也没有插入一些即兴发言来给听众们提神。他这种表现不难超越（我该怎样说才显得比较谦虚呢？），我接下来的演讲震撼了整个会场。我走下讲台，和听众们站到一起，走到他们中间回答他们的问题，和他们击掌，一起大笑。我已经习惯了听众这样的反应。演讲是我的谋生工具，所以我在乎它，会为之努力，因此效果也很明显。随后那位 CEO 言不由衷地恭维了我几句。他说他很喜欢我的演讲，然后又加了一句："不过你是专业演讲家，所以你比我擅长这个。"

他这是在告诉我，演讲不是他这个 CEO 的真正工作，他把这项任务和他的其他工作区隔开了。作为一个 CEO，他认为自己还是很专业的。作为一名演讲者，他给自己的定位就是业余选手，差不多就行了（坦率地说，他连这个水平也没达到）。他在这方面给自己的规划就是：平庸即可。

我们都会这样做，把自己擅长的和不擅长的事情区隔开，把我们的优点当成真实的自己。那些弱点是意外情况，它们属于某个陌生人。就这样，我们授予自己业余选手的称号，给自己弄到一张"差不多"执照。

> 提示：我们做某些事时很专业，但是在成为理想的自己这方面却又很业余。我们需要消除这种扭曲的观念，或者起码要消除专业和业余之间的差距，成为理想的自己。在某一方面做得好，并不能成为另一方面做得差的借口。

4. 当我们执行不力时

人们会因为两种原因执行不力：他们要么认为有更好的方法来做某件事（典型的好胜综合征）；要么不愿意全力以赴，又或者觉得自己是在遵循别人的行为法则（典型的非原创综合征）。这样故意不合作，常常会让情况恶化。

在医患关系中，这种执行不力最为明显：

几年前，我的教练助理理查德做了一次冠状动脉绕道手术，手术非常成功。自从大学毕业以来，理查德在20年间体重增长了约22公斤，那次手术后，他和医生一起计划减掉一些体重。他们共同商定的减重目标是12.5公斤，这目标不算极端，也切合实际。

理查德的减肥计划很合理，控制食量，少吃糖类和奶酪，多吃新鲜水果和蔬菜，辅以每天散步40分钟。他很快就减掉了10公斤，然后就达到了稳定水平，渐渐地竟然又重了几公斤。之后他就把那个体重保持到了现在，他已经40多岁了，却依然只满足于"适可而止"，而不是为了自己的健康百分之百地实现目标。这不同于人们常说的"最难减的最后5公斤肥肉"，因为那5公斤对于我们的身体来说并不多余。理查德的情况不同，他的心脏需要他再减掉一些体重。这是健康的需要，但他选择的却是"差不多"。他最后认为，减掉6公斤就足够了。

我常常想知道，为什么医生会放任病人这种错误行为。据报道，30%有生命危险的病人不能按医嘱服药。医生知道自己的建议很重要，但他们好像认为只要病人离开诊室，自己的责任就履行完了。你的医生最近一次给你打电话或者发邮件询问你是否按时服药或复查是什么时候？这里绝对有一个小规划可以跟进，医生们可以像每日问答一样经常提醒病人多关心自己的健康状况。

现如今的医生已经开始用电话或短信确认我们的预约（因为他们希望减少爽约情况）。一些科技公司也开发出了多款医疗助手应用软件，每天提醒我们服药，他们假设会有某些诱因诱发用户下载，医生的参与或许会增加这种可能性。

不论你承认与否，我们都有执行不力的问题，都对别人的指手画脚感到厌烦，哪怕别人的干预对我们有好处，哪怕我们知道不遵循他人的建议会犯错。例如，

- ◆ 一个朋友和我分享了一个秘密，并提醒说只能我们两人知道。尽管我承诺不告诉任何人，但我还是满足于"差不多"，把自己的配偶当成例外。我会对自己说，朋友所说的保密，肯定不是让我对共同生活的伴侣也保守秘密。
- ◆ 孩子打碎了某件贵重物品。在告诉我之前，孩子让我保证不要生气。我当时忍住了怒火，但是心里难受了好几天，最后还是用其他方式责骂了孩子，间接地发了这场火。
- ◆ 一位客户希望我每天都能跟他交流某个项目的进度，但有时没什么新进展，我就隔一两天再跟客户沟通一次。我没有告诉对方，就单方面地改变了双方每天交流的约定。不管怎么说，我选择了"差不多"，这也给客户增添了不必要的困惑。

以上只是从数以百计的令人失望的日常琐事中随机选取的三个

例子。大多数人虽然能一眼看出别人执行不力的情况，却不会留意到自己执行不力的细节。破坏信任、乱扔垃圾、边开车边发短信的总是别人，我们永远都不会那么做。

> 提示：执行不力时，我们不仅会更加粗心、懒惰，还会更加好斗、粗鲁。我们是在蔑视全世界，公开宣布："这些规则不适用于我，别指望我会遵守它们，因为我根本不在乎。"我们筑起"差不多"的防线，拒绝做出任何让步。

成为自己和他人的自律"诱因"

还记得前文提到的纳迪姆吗？这位主管饱受同事西蒙的折磨。现在我来讲完这个故事。

纳迪姆非常积极地投入了改变的过程，完全落实了我要求他做的事情。他站在18个参加360度访谈的人面前，为自己的行为道歉。他承诺要做得更好，请所有人在看到他重萌旧态时都不要吝于给他当头棒喝。他还努力和西蒙建立更加积极的关系，尽管一开始有些不情愿，因为过去对西蒙的敌意依然对他有影响。

"我在路上遇到西蒙了，"纳迪姆告诉我，"他也发生了变化。"

"西蒙变不变不是你的事，"我说，"你只能控制自己的行为。"

"为什么要让我独自承担所有努力？如果他一点都不努力的话，那岂不太糟糕了？"

"你向前走80%，"我说，"看看会发生什么情况。"

纳迪姆同意了这个建议，并将之列为他每日问答的第一个问题："在和西蒙的关系中，我是否努力向前走了80%？"

他先向西蒙道歉，表达了自己和好的诚意："对于过去的行为，我十分抱歉。我们的关系不和，我应该对此负责。从今天开始，我要变得更好。"他承诺改进自身，并把自己的计划告诉对方，就这样，情况开始发生了变化。

作为纳迪姆的教练，我定期给他打电话检查进度。请注意，纳迪姆在做这些事情的同时，还执掌着一个价值200亿美元、拥有1万名员工的部门。一方面，他要照顾家庭，还要到美国其他城市和欧洲等地出差，还在几个外部机构任职。另一方面，他上面还有CEO和人力资源总监，这两个人雇用了他，也在密切关注他的进展。但是，不论日常职责多么劳神，他都会非常积极地去解决他的"西蒙问题"。他深信，要想成为公司里的模范人物，就必须完成这项任务。

纳迪姆确实变得更好了，对此我并不感到惊讶。因为包括定期跟进在内的所有规划性激励都已经到位。令我感到惊讶的是，他居然只用了半年就解决了"西蒙问题"。想想令你非常不满的家人、朋友和同事，你在走廊里碰到他们都不会打招呼，你不会原谅他们，拒绝和他们交谈，甚至把他们从联系人名单里删除。你愿意修复这种关系吗？如果愿意，你是需要六个月还是六年？

公司的人力资源总监玛戈特在帮助纳迪姆这件事上做得很成功，他让纳迪姆把解决"西蒙问题"的故事讲给他的直接下属和公司高管听。我当时不在伦敦，但是玛戈特把现场的情况都告诉了我。

这种做法为什么会有效呢？纳迪姆告诉大家："我确实尽力了。

我不辞劳苦去构建良好的人际关系，比西蒙付出的更多。"然后他打开一封西蒙当天早上发给他的电子邮件，作为两人现在肝胆相照的证据，大声读给大家听。"我们几乎都能读懂对方的心思。"他说。

有人问道："你有哪些与众不同的做法呢？"

"我不止向前走了 80%，"纳迪姆说，"我向前走了 100%。我发现，只要我改变自己的行为，就能带动周围的人改变。如果我竭尽全力，我和西蒙就会更快地成为朋友。"

玛戈特告诉我，当时在场的人无不感动流泪。

这是不满足于"差不多"的最终回报。如果我们全心投入，用 100% 的专注和精力去改变行为习惯，就会创造出一股势不可挡的力量，而不再是所谓的积重难返。我们会开始改变环境，而不是被环境所左右。周围的人会感受到我们的改变，这也会成为触发他们改变的诱因。

Triggers

Creating Behavior
That Lasts--
Becoming
the Person
You Want
to Be

第 4 章

假如生活一成不变，你会遭遇哪些危机？

成年后，令你印象最深刻的行为习惯改变是什么？大多数人都会嘲笑一家从不修订菜谱的餐厅，但我们不会这样责备或嘲笑自己。假如你一成不变，不断变化的环境一样会给你迎头一击。

思考一次自律式的改变

"成年后,令你印象最深刻的行为习惯改变是什么?"

我问过数百个人同样的问题,很少有人能立即说出答案。反应最快的是一些消除了某项坏习惯的人。

51岁的艾米是一家传媒公司的高管,当我提问她这个问题时,她的答案脱口而出:"戒烟。"

"这不是我最想要的答案,"我说,"戒烟是一件值得敬佩而且艰难的事,但吸烟毕竟不健康,也有损他人利益,所以有很多外部压力帮助你戒烟。我想知道的是你自愿改变的行为习惯,不但令你自己变得更好,还让其他人的生活更加美好。"

艾米想了想说:"对我妈妈更好算不算?"

这比戒烟更接近理想答案。艾米描述了一段亲密的母女关系,或许亲密得过头了。她母亲已经快80岁了,她们以前每天都聊天,但是话题不是讨论买便宜货，就是为一些琐事争辩。母女二人陷入了一场零和游戏，都想证明自己是正确的，对方是错的。艾米称这种情况为"痛并爱着"。有一天，她突然意识到陪伴母亲的时光已经不多，两个人都不会变年轻，于是决定不再和母亲争辩。她没有告诉母亲这一点，只是悄悄改变了自己的行为。在母亲发表评论时，艾米并不急着回应，而是让它像云彩一样自然消散。看到女儿不愿意反驳，母亲也会很快停止发问。

"你做的是一件很有意义的事。"我恭喜艾米完成了一件比戒烟更伟大的事情。我让她想象一下，如果人们都像她一样，避免与亲人争论，那么在所有家庭聚会、节日和旅行中，都会减少很多摩擦。"你不仅改变了自己的人生剧本，也改变了你母亲的生活。你应该为此骄傲。"

有些人误解了我的问题。他们回想起了一项工作决策或者一次顿悟，将其与行为习惯的改变混为一谈。一位财务主管提到他在法学院读大一的时候，发现自己并不想与父亲和几位哥哥一样成为一名律师。这种想法诱发了他接下来的决定：他离开法学院，成了一名金融分析师。但这只是人生岔路口的一个选择，他并没有改变自己的行为习惯。与之类似的还有一位不苟言笑的艺术品经销商，他说有一天他意识到"并非每个人都是站在我的立场看待问题的"。这是一种对社会的领悟，除非它显著改变了他对待他人的方式，否则这就只能称为一种领悟。

很多人把他们在体力和脑力上付出的努力当成行为习惯的改变。比如跑了一次马拉松，仰卧推举150公斤重的杠铃，重返学校攻读高级学位，学习做面包，学习冥想。我要再次申明，虽然自我完善所取得的成就不容忽视，但是除非做蛋糕或者冥想能显著改善你对待周围人的行为方式，否则它们就不是人际交往方面的进步。你只是做了一件有价值的事，并没有改变什么行为习惯。

这时候，大部分人都会哑口无言。他们想不起自己改变过什么。看到他们这样的反应我并不奇怪。我和客户第一次单独会面时，情况大部分都是如此。不论这些成功人士多么留心或警觉周围的环境，在我拿出证据提醒他们之前，他们都没有想过要改变自己的行为习惯。如果我们不知道要改变什么，就永远不可能改变。

很多无心之过指出了我们需要改变的方面。以下是三个例子：

第一，我们不自觉地浪费了太多时间去琢磨一件事。我们想："我应该经常给父母打电话。"但如果它真的很重要，我们就应该去做，而不是翻来覆去地琢磨。结果我们依然只是偶尔问候一下双亲，从来没有找到一个满意而有益的方法。这大致可以归结为：想的太多，做的太少。

第二，我们的思维局限于两个僵化的选择之间。前文中纳迪姆原来就认为和西蒙打交道时，自己只有两种行为选择：要么忍受（这太丢人了），要么反击（这印证了一个西方民间智慧：永远不要和猪摔跤，因为你和它都会把身上弄脏，但是猪喜欢脏）。纳迪姆没有意识到他的环境是高度灵活的。其实任何环境都是很灵活的，它提供的选项远不止这两种。纳迪姆需要他人指点，他当时所处的环境虽然尴尬，但也正是打造积极行为的好机会，他可以借此提升自己作为团队一员的形象，附带的，还能帮助西蒙成为更好的队友。

第三，大多数时候，我们的想象力是匮乏的。几年前，我才第一次指导做高管的医学博士。现在，我已经指导了三个这样的人：世界银行行长金镛博士（Dr. Jim Yong Kim）、梅约医院院长约翰·诺斯沃西博士（Dr. John Noseworthy），还有美国国际开发署署长拉吉·沙赫博士（Dr. Raj Shah）。他们三个不但都很聪明，而且也属于我所见过的最专注、最正直的人。

在指导每位医学博士的初期，我都会教给他们6个投入度问题：

1. 我是否尽最大努力设定明确目标了？
2. 我是否尽最大努力去实现目标了？
3. 我是否尽最大努力寻求人生意义了？
4. 我是否尽最大努力追求快乐了？
5. 我是否尽最大努力构建良好的人际关系了？
6. 我是否尽最大努力全身心投入工作和生活了？

他们都是学历很高的聪明人，很少被简单的问题难住。但是我看到，他们每个人在看到第四个问题时，都流露出了困惑的表情，陷入了沉默。

"你不快乐吗？"我问道。

在各自的交流中，这三个人做出了几乎一模一样的回答："我从来没想过去追求快乐。"

这三个人都足够聪明，从医学院毕业以后在不同的企业晋升到了高级主管位置，尽管如此，他们依然需要我来提醒，才能想起来要追求快乐。了解我们想要改变什么就是这么困难。在这方面,哪怕是我们当中的神枪手,也可能会错过真正的大目标。

不知道要改变什么,就永远不可能改变

我无法告诉你应该改变什么,这是个人选择。我可以列出一份华丽的优秀品质清单,比如热情、忠诚、勇敢、正直、耐心、慷慨、谦逊等。它们是永恒的美德,在我们年轻可塑的时候,父母、老师和教练们曾努力想把这些品德灌输到我们身上。在训诫、颂词和毕业典礼的演讲中,我们也经常听到这些美德。

但是这样灌输美德,并不能强迫我们成为品格高尚的人。如果我们没有迫不得已的理由去改变,不论听到多么精彩而流畅的演讲,都很难诱发我们做出持久的改变。我们会认真聆听,不时点头表示同意,然后回去继续走老路。

导致这种情况的一大原因,是我们缺少实现自己雄心壮志的规划;我们是高瞻远瞩的策划人,同时也是见识短浅的执行者。但对于那三位医学博士来说,可能还有一个原因,就是他们从没想过要做出这样的改变。

因此,我一开始就向他们介绍了那 6 个投入度问题。我是在迫使他们考虑这些常常被忽视的基本问题。在提出这 6 个问题的同时,我给他们讲述了有关环境的招牌课程:我们是如何忽略环境塑造我们行为习惯的良好途径和不良途径(占多数)的。然后我坐下来,等待他们的大脑开始运转。

根据我的经验，迫使人们在快乐、追求、投入度等基本需求的背景下思考他们的环境，能使他们集中注意力，反思自己在这些方面的衡量标准，并探究其中原因。

当我们利用投入度问题评估自己的表现，并总结出不足之处时，可以归咎于环境，也可以归咎于自身。我们喜欢把环境当成替罪羊。例如没有设定明确的目标，是因为我们要对很多人负责任；没能完成既定目标，是因为我们的目标太多了；不快乐，是因为我们的工作没有前途；没有构建积极的人际关系，是因为别人不肯向我们妥协；在工作中不全身心投入，是因为公司拒绝帮助我们。

除了善于拿环境当替罪羊之外，我们还同样擅长原谅自己的任何缺点。环境这只替罪羊用起来太容易，导致我们很少责备犯错的自己。我们很少看到有人在工作不顺心时，主动承担责任说："我真是个笨蛋。"相反，我们觉得问题也许在这儿，也许在那儿，但肯定不在自己身上。但如果想成为理想中的自己，我们必须实事求是地衡量决定生活的两股力量：环境和自身。

开启一个牢不可破的投入度循环

我写这本书的主要目标非常简单：帮助你在最重要的方面，实现持久、积极的行为改变。我不需要告诉你应该改变什么，因为只要稍加反思，大多数人都知道自己应该做什么。我的工作是在你想到要做什么之后，帮助你来完成这些事。改变不见得要轰轰烈烈或者改头换面。如果本书能对你有所启发，能让你过得更快乐一些，或者让你和亲人关系更密切一点，或者帮助你实现一个目标，我就心满意足了，因为任何积极的改变都聊胜于无。

但我还想努力强调另外两个目标。它们不属于父母或老师教给我们的传统美德，而更像是一种积极的人生状态。

第一个目标是留心。留心周围发生的一切。很少有人会留心日常生活。在旅游的时候、在上班的路上，我们就关闭了自己的大脑。我们在开会的时候走神，甚至和亲人在一起时，我们也会因为电视或电脑而分心。天知道我们在不留心的时候错过了什么？

第二个目标是投入。我们不但要留心周围的环境，还要积极地参与其中。我们在乎的人会看到我们的投入。在大多数情况下，投入是最值得钦佩的生活状态。它高尚、怡人，值得我们引以为傲，也值得我们享受。世界上的最高赞赏，莫过于情人或孩子对我们说："你一直在这里等我吗？"世界上最痛苦的事，也莫过于他们对我们说："你从来都不等我。"这就是投入对我们的重要意义。它是成年人改变行为习惯的最终成果。

只要认同留心和投入的必要性，我们就占据了一个最佳位置，可以感受到环境施加给我们的所有诱因。我们或许不知道下一步会发生什么，环境的触发力量总是出乎意料，但是我们知道别人对我们的期望，也知道自己对自己的期望。这样的结果是惊人的。我们不再无助地站在轨道上，等着疾驰而来的"环境列车"把我们带走。我们与环境之间的相互影响是彼此促进的，在环境塑造我们的同时，我们也在塑造环境。最终，我们会达到一种平衡状态，我喜欢用投入度循环来描述它（见图4.1）。

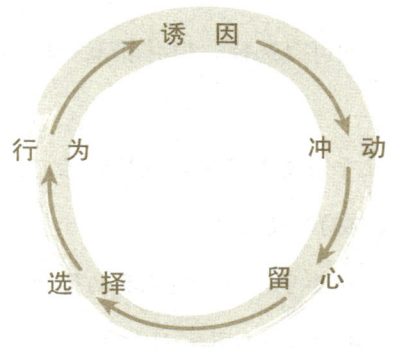

图 4.1 投入度循环

这是一种很容易达到的平衡状态。请让我用一个非常常见（却并非琐事），但我们很少注意（却应该注意）的事件来举例，说明这种平衡状态的作用。我在达特茅斯大学塔克商学院的研究生管理班中一位名叫吉姆的学生也是一位高管，他在电子邮件中给我讲述了一个故事。

有一次他正在工作中忙得不可开交，而且各个方面都出了问题：客户责难他、部门主管欺负他、助理请病假。这时候他的妻子芭芭拉打来电话，对他说："我想找个人聊聊。"很明显，她在工作中也遇到了烦心事。

"我想找个人聊聊。"这句话对于吉姆来说是一个诱因，诱使他停下手头的事来倾听。妻子没有请他提供任何帮助，甚至连话都没要求他说，只需要倾听就行。这是吉姆当天处理的最容易做到的"要求"，他应该把它当成一份意外大礼，为之感到庆幸。

但是在吉姆听到芭芭拉的声音时，他并不见得会把这通电话当成一份礼物。毕竟，一个诱因会直接引发一次冲动，使他做出某种选择。吉姆有多种冲动可以选择，但并非每一种都是理想的。

◆ 他可以比平时更加恼火。这样的话，他就是用这个诱因来激化自己当前的不良情绪。

◆ 他可以告诉妻子，自己现在真的很忙，并保证稍后就给她回电话，或者回家再讨论。这样的话，他就是把这个诱发时刻推迟到了更有利于他的时候。

◆ 他可以敷衍了事，在芭芭拉倾诉的同时做其他事。这样的话，他就是降低了妻子赋予这个诱因的优先级，并希望不被她发现。

◆ 他可以自以为是地认为，妻子的问题和自己的问题相比不论是严重性还是重要性都微不足道，然后详细告诉妻子，她根本没自己惨。这样的话，他就是在和芭芭拉"比惨"，而且还有可能"赢"。他可以采取这种非常没把握的方法，再一次证明自己对了，妻子错了。

◆ 或者，他也可以选择倾听。

这些都是自然冲动。我们都曾在不得不倾听别人的抱怨时变得火气十足，或者在朋友发牢骚的时候神游四海，又或者把他人的抱怨当成宣传、美化自己辛苦工作的机会。

不留心的时候（大多数情况下，这是因为我们迷失于自己的行为和感觉中），我们很容易被触发。从诱因到冲动再到行为，它们依次发生，但是间隔时间非常短。诱因引发冲动，冲动引发行为，行为又会引发下一个诱因，如此循环不止。有时候诱因是有益的，但我们实际上没有认真甄别，就幸运地做出了正确的"选择"。但我们仍需要留心，因为这样能延长诱发冲动的时间，虽然不能延长太久，但也已经足够让我们考虑面前的选项，做出更好的选择。

吉姆给我写了一封邮件，说明了他如何做出正确的选择。以下是他对自己第一冲动的描述：

> 我已经打算指出，她并不是唯一遇到麻烦的人。然后我想起了你在课上讲的话："我这时候是否愿意进行这项投资，在这方面做出成绩？"
>
> 我深吸了一口气，决定满足她倾听的需求。我一句话都没说，静静倾听。她发泄完之后说："感觉真好。"这时，我只说了一句话："我爱你。"

当我们留心并全身心投入时，其他人也能从中受益。我们先认清了一个诱因的本质，并且明智地采取了恰当的应对行为。行为又创造了一个诱因，诱发了其他人更良好的行为，形成良性循环。吉姆就是这样对待妻子的诱因的。

妻子诱发了吉姆的一些体贴、美好的行为，吉姆反过来又诱发了她的良好感觉。他们通过最积极的方式，成了彼此的诱因。不论知道不知道，他们都进入了一个高尚的投入度循环，而且这个循环很难被打破。

结　语

自控是不变，自律则是改变

想象一下，一成不变的生活是什么样子。

我不是指一辈子只在一家公司上班，或是结一次婚保持50年，抑或是一直住在你出生的社区。这些都是值得骄傲的选择，不需要后悔，也不应该受到嘲讽。长长久久过着幸福生活，回想起来这份坚持也值得庆祝。

我也不是指一辈子每次到餐厅总是点同样的菜，一直穿同一种类型的衣服，欣赏同一种风格的音乐、电视节目和书籍，甚至坚持同一种政治立场。哪怕我们是全世界最固执的人，如果一生从不改变口味、观点和生活偏好，那也是不可思议的。因为环境不允许我们这样。我们周围的世界在变，我们也在随之而变，因为顺应时代潮流总是比较轻松。

哪怕是最坚定的人，哪怕他一辈子都和同一位爱人住在同一所房子里，都在做同一份工作，也很难想象他的生活可以在多年内没有丝毫改变。尽管在生活的某些方面,我们把坚持当成一块荣誉勋章。

但我所指的坚持是我们的人际行为，以及我们对改变自己接人待物方式的抵制。很多人都经历过这样的事：

◆ 因为一些早已忘记的不满，我们好几年都没有去探望一位亲人，或者好几年都没有和对方说过话；

◆ 一位发小早已长大成人，我们却依然用小时候难听的绰号来戏弄他；

◆ 有几年的时间，我们每天都会看到自己的邻居，但是出于害羞或者惯性又或是冷漠，我们从未向他做过自我介绍；

◆ 我们会因为一位客户的要求而感到愤恨；

◆ 我们总是忍不住发火，以致家人会互相打赌猜我们什么时候会爆发；

◆ 孩子令我们失望的时候，我们会情不自禁地责骂他们。

大多数人都会嘲笑一家从不修订菜谱的酒店，但我们不会这样责备或嘲笑自己。我们愚蠢地尽量延长某些行为习惯的持续时间，却没有在意这些习惯伤害了谁。只有造成的危害无可挽回时，只有取得适得其反的效果时，我们才会反思自己的行为，才会因此后悔。为什么我们这么多年都没和亲人说一句话？为什么我们要对最要好的朋友如此残忍呢？因为不肯把自己介绍给对方认识，我们错过了怎样的交际圈？为什么不去感谢下订单的客户？安慰安慰心烦意乱的孩子，能花费我们多少时间和精力呢？

当我们延长消极的行为习惯时，不论是伤害亲人还是伤害自己，都是在以一种极度危险的方式让生活僵化。我们固执地选择了悲惨的生活，还使得别人也同样悲惨。当我们陷入悲惨境地时，就永远也无法还原。哪怕再痛苦，也是我们自作自受，是我们自己的选择。

在开篇处，我曾保证如果我写得还不错，你在阅读本书的时候就一定会对生活产生一些小小的悔恨。

现在轮到你行动了。我要求的并不多。在看完这本书之后，思考一次改变、一个诱因、一件你做了以后不会后悔的事。做这件事的唯一标准就是：你以后不会为自己的这种做法感到后悔。或许你会给母亲打个电话，告诉她你爱她；或许你会感谢一位客户的忠诚；或许你会戒除在开会时对他人冷嘲热讽的毛病。它可以是任何事，只要它扭转了你过去乃至将来的一贯做法，不论是多么微小的转变，都是一种收获。

然后就放手去做吧。

它会有益于你的朋友、公司、客户和你的家庭。

最重要的是，它会给你带来更大的益处，很多益处，让你想要再来一次。

译后记

你理想中完美的自己

你理想中完美的自己应该是什么样子？

从小学、中学到大学，我们都曾无数次思考这个问题。但是随着年龄渐长，我们的理想却渐行渐远。直到有一天，我们一觉醒来却悲哀地发现：自己只是在忙忙碌碌地活着，忘记了曾经的理想，忘记了那个憧憬的模样。或许，我们一直疲于奔命，连这点想法也不会有。

如今，同学朋友久别重逢，若不谈工作，言谈便不外乎房子车子老婆孩子。关心蔬菜和大米的价格绝对无可厚非。只是，我们能否在心间留那么一点点自留地，播撒一些理想的种子，哪怕这些种子以后长出的也是蔬菜、大米。

那个理想的自己，或许是彬彬有礼的，然而遇到街头泼妇，还是忍不住要和她对骂；那个理想的自己，或许是勤奋认真的，然而老板安排的任务实在太多，只好马虎应付交差；那个理想的自己，或许是体贴家人的，然而老婆太刁、孩子太闹，实在忍不住要和他们吵一吵。是的，我们身上都难免有一些坏毛病，但我们也从来不缺少借口，问题不是出在别人身上，就是受客观条件限制。于是乎，我们总也成不了理想的自己，追起根源来，我们还会忿忿地说：我本将心向明月，奈何明月照沟渠。

难道真的就无法改变吗？要改变，不外乎两种做法：一是多做应该做的事，二是少做和不做不该做的事。这话说起来容易，做起来难，做一次容易，做一年、十年、一辈子难。比如我曾想要锻炼身体，一时兴起跑了个五千米，连跑三天，第四天遇到个事情忙，就从此中断了。再比如有人想戒烟，忍了一个月，最后别人递烟又半推半就接下来了，于是继续吞烟吐雾。我们并不缺少积极的想法，缺少的是把积极的想法坚持下去的做法。用书中的话来说，我们都是"高级策划人，低级执行者"。

作者在书中反复强调规划的作用，这个规划不仅是工作计划，更包含了一种规律性的自我监督。比如他专门花钱雇了一个人，每晚给自己打电话，提问自己是否尽最大努力追求幸福生活等问题。这种做法看似铺张，实际上却有很大效果，它每天提醒作者要努力，不然不但得不到幸福生活，甚至还会被他人耻笑，这是战胜懒惰的一把利器。

我们很多人可能也曾制订类似的计划，但是往往会因为决心不够或者其他事情的影响而中断，坚持到底的计划并不多。事后回想起来，只是平添悔恨。徐特立43岁时去法国勤工俭学,需要学法语,别人说他学不成,他说:"我虽然记性差工作忙,但是一天学一个单词,七年就能学会2 555个单词,到50岁就会法语了。若是一天学两个单词,46岁半就能学成。若是不学,到60岁也依然不会。"结果五年之后,他不但学会了法语,还考入了巴黎大学。可见,改变自己不怕晚,也不怕慢,只怕不行动、不坚持。

在这个浮躁的社会,大家都想着挣钱,抢着出名,却不愿意花费时间去不断完善自己。但实际上,成为更加理想的自己,其中的幸福感不是钱能买来的,也不是旁人的恭维能换来的。那是一种发自内心的对自己的欣赏、给自己的满足,是一种"但愿人生常如此"的感觉,它只能来自我们的内心。

张尧然

欢迎加入 iHAPPY 书友会

十几年来，中资海派陪伴数百万读者在阅读中收获更好的事业、更多的财富、更美满的生活和更和谐的人际关系，拓展他们的视界，见证他们的成长和进步。

现在，我们可以通过电子书、有声书、视频解读和线上线下读书会等更多方式，给你提供更周到的阅读服务。

认准书脊"中资海派"LOGO
让我们带你获得更高配置的阅读体验

加入"iHappy 书友会"，随时了解更多更全的图书及活动资讯，获取更多优惠惊喜。还可以把你的阅读需求和建议告诉我们，认识更多志同道合的书友。让海派君陪你，在阅读中一起成长。

中资海派微信公众号　　中资海派天猫专营店

也可以通过以下方式与我们取得联系：

采购热线：18926056206 / 18926056062　　服务热线：0755-25970306
投稿请至：szmiss@126.com　　新浪微博：中资海派图书

经济管理·金融投资·人文科普·政史军事·心理励志·生活两性·家庭教育·少儿出版